La reliure traditionnelle 1994

DIALOGUE AUX ENFERS

ENTRE

MACHIAVEL ET MONTESQUIEU

Imprimerie de J. H. BRIARD, rue des Minimes, 51.

DIALOGUE AUX ENFERS

ENTRE

MACHIAVEL

ET MONTESQUIEU

OU LA POLITIQUE DE MACHIAVEL

AU XIXᵉ SIÈCLE

PAR UN CONTEMPORAIN

(MAURICE JOLY)

« Bientôt on verrait un calme affreux, pendant lequel tout se réunirait contre la puissance violatrice des lois. »

« Quand Sylla voulut rendre la liberté à Rome, elle ne put plus la recevoir. »

(MONTESQUIEU, *Esp. des Lois.*)

—

NOUVELLE ÉDITION

—

BRUXELLES

CHEZ TOUS LES LIBRAIRES

—

1868

La publication de la première édition anonyme de ce livre a valu à son auteur, M. Maurice Joly, une condamnation à

QUINZE MOIS DE PRISON

et 200 fr. d'amende, pour excitation à la haine et au mépris du gouvernement impérial.

(Tribunal correctionnel de la Seine, 6e chambre; 28 avril 1865.)

SIMPLE AVERTISSEMENT

Ce livre a des traits qui peuvent s'appliquer à tous les gouvernements, mais il a un but plus précis : il personnifie en particulier un système politique qui n'a pas varié un seul jour dans ses applications, depuis la date néfaste et déjà trop lointaine, hélas! de son *intronisation*.

Il ne s'agit ici ni d'un libelle ni d'un pamphlet; le sens des peuples modernes est trop *policé* pour accepter des vérités violentes sur la politique contemporaine. La durée surnaturelle de certains succès est d'ailleurs faite pour corrompre l'honnêteté elle-même; mais la conscience publique vit encore, et le ciel finira bien quelque jour par se mêler de la partie qui se joue contre lui.

On juge mieux de certains faits et de certains principes quand on les voit en dehors du cadre où ils se meuvent habituellement sous nos yeux; le changement de point d'optique terrifie parfois le regard !

Ici, tout se présente sous la forme d'une fiction ; il serait superflu d'en donner, par anticipation, la clef. Si ce livre a une portée, s'il renferme un enseignement, il faut que le lecteur le comprenne et non qu'on le lui commente. Cette lecture, d'ailleurs, ne manquera pas d'assez vives distractions ; il faut y procéder lentement toutefois, comme il convient aux écrits qui ne sont pas des choses frivoles.

On ne demandera pas quelle est la main qui a tracé ces pages : une œuvre comme celle-ci est en quelque sorte impersonnelle. Elle répond à un appel de la conscience ; tout le monde l'a conçue, elle est exécutée, l'auteur s'efface, car il n'est que le rédacteur d'une pensée qui est dans le sens général, il n'est qu'un complice plus ou moins obscur de la coalition du bien.

GENÈVE, 15 octobre 1864.

PREMIERE PARTIE

—

PREMIER DIALOGUE.

MACHIAVEL.

Sur les bords de cette plage déserte, on m'a dit que
je rencontrerais l'ombre du grand Montesquieu. Est-ce
elle-même qui est devant moi ?

MONTESQUIEU.

Le nom de Grand n'appartient ici à personne, ô Machiavel ! Mais je suis celui que vous cherchez.

MACHIAVEL.

Parmi les personnages illustres dont les ombres
peuplent le séjour des ténèbres, il n'en est point que
j'aie plus souhaité de rencontrer que Montesquieu.
Refoulé dans ces espaces inconnus par la migration
des âmes, je rends grâces au hasard qui me met enfin
en présence de l'auteur de l'*Esprit des Lois*.

MONTESQUIEU.

L'ancien secrétaire d'État de la République floren-
tine n'a point encore oublié le langage des cours. Mais
que peuvent avoir à échanger ceux qui ont franchi
ces sombres rivages, si ce n'est des angoisses et des
regrets ?

MACHIAVEL.

Est-ce le philosophe, est-ce l'homme qui parle
ainsi ? Qu'importe la mort pour ceux qui ont vécu par

1

la pensée, puisque la pensée ne meurt pas ? Je ne connais pas, quant à moi, de condition plus tolérable que celle qui nous est faite ici jusqu'au jour du jugement dernier. Etre délivré des soins et des soucis de la vie matérielle, vivre dans le domaine de la raison pure, pouvoir s'entretenir avec les grands hommes qui ont rempli l'univers du bruit de leur nom ; suivre de loin les révolutions des Etats, la chute et la transformation des empires, méditer sur leurs constitutions nouvelles, sur les changements apportés dans les mœurs et dans les idées des peuples de l'Europe, sur les progrès de leur civilisation, dans la politique, dans les arts, dans l'industrie, comme dans la sphère des idées philosophiques, quel théâtre pour la pensée ! Que de sujets d'étonnement ! que de points de vue nouveaux ! Que de révélations inouïes ! Que de merveilles, s'il faut en croire les ombres qui descendent ici ! La mort est pour nous comme une retraite profonde où nous achevons de recueillir les leçons de l'histoire et les titres de l'humanité. Le néant lui-même n'a pu briser tous les liens qui nous rattachent à la terre, car la postérité s'entretient encore de ceux qui, comme vous, ont imprimé de grands mouvements à l'esprit humain. Vos principes politiques règnent, à l'heure qu'il est, sur près de la moitié de l'Europe, et si quelqu'un peut être affranchi de la crainte en effectuant le sombre passage qui conduit à l'enfer ou au ciel, qui le peut mieux que celui qui se présente avec des titres de gloire si purs devant la justice éternelle ?

MONTESQUIEU.

Vous ne parlez point de vous, Machiavel ; c'est trop de modestie, quand on laisse après soi l'immense renommée de l'auteur du *Traité du Prince*.

MACHIAVEL.

Je crois comprendre l'ironie qui se cache sous vos

paroles. Le grand publiciste français me jugerait-il
donc comme la foule qui ne connaît de moi que mon
nom et un aveugle préjugé? Ce livre m'a fait une
renommée fatale, je le sais : il m'a rendu responsable
de toutes les tyrannies ; il m'a attiré la malédiction des
peuples qui ont personnifié en moi leur haine pour le
despotisme ; il a empoisonné mes derniers jours, et la
réprobation de la postérité semble m'avoir suivi jusqu'ici. Qu'ai-je fait pourtant? Pendant quinze ans j'ai
servi ma patrie qui était une République ; j'ai conspiré
pour son indépendance, et je l'ai défendue sans relâche
contre Louis XII, contre les Espagnols, contre Jules II,
contre Borgia lui-même qui, sans moi, l'eût étouffée.
Je l'ai protégée contre les intrigues sanglantes qui se
croisaient dans tous les sens autour d'elle, combattant
par la diplomatie comme un autre eût combattu par
l'épée ; traitant, négociant, nouant ou rompant les fils
suivant les intérêts de la République, qui se trouvait
alors écrasée entre les grandes puissances, et que la
guerre ballottait comme un esquif. Et ce n'était pas un
gouvernement oppresseur ou autocratique que nous
soutenions à Florence : c'étaient des institutions populaires. Etais-je de ceux que l'on a vus changer avec la
fortune? Les bourreaux des Médicis ont su me trouver
après la chute de Soderini. Elevé avec la liberté, j'ai
succombé avec elle ; j'ai vécu dans la proscription sans
que le regard d'un prince daignât se tourner vers moi.
Je suis mort pauvre et oublié. Voilà ma vie, et voilà
les crimes qui m'ont valu l'ingratitude de ma patrie, la
haine de la postérité. Le ciel, peut-être, sera plus juste
envers moi.

MONTESQUIEU.

Je savais tout cela, Machiavel, et c'est pour cette
raison que je n'ai jamais pu comprendre comment le
patriote florentin, comment le serviteur d'une Répu-

blique s'était fait le fondateur de cette sombre école qui vous a donné pour disciples toutes les têtes couronnées, mais qui est propre à justifier les plus grands forfaits de la tyrannie.

MACHIAVEL.

Et si je vous disais que ce livre n'a été qu'une fantaisie de diplomate; qu'il n'était point destiné à l'impression; qu'il a reçu une publicité à laquelle l'auteur est resté étranger; qu'il a été conçu sous l'influence d'idées qui étaient alors communes à toutes les principautés italiennes, avides de s'agrandir aux dépens l'une de l'autre, et dirigées par une politique astucieuse dans laquelle le plus perfide était réputé le plus habile...

MONTESQUIEU.

Est-ce vraiment là votre pensée? Puisque vous me parlez avec cette franchise, je puis vous avouer que c'était la mienne, et que je partageais à cet égard l'opinion de plusieurs de ceux qui connaissaient votre vie et avaient lu attentivement vos ouvrages. Oui, oui, Machiavel, et cet aveu vous honore, vous n'avez pas dit alors ce que vous pensiez, ou vous ne l'avez dit que sous l'empire de sentiments personnels qui ont troublé pour un moment votre haute raison.

MACHIAVEL.

C'est ce qui vous trompe, Montesquieu, à l'exemple de ceux qui en ont jugé comme vous. Mon seul crime a été de dire la vérité aux peuples comme aux rois; non pas la vérité morale, mais la vérité politique; non pas la vérité telle qu'elle devrait être, mais telle qu'elle est, telle qu'elle sera toujours. Ce n'est pas moi qui suis le fondateur de la doctrine dont on m'attribue la paternité, c'est le cœur humain. *Le Machiavélisme est antérieur à Machiavel.*

Moïse, Sésostris, Salomon, Lysandre, Philippe et Alexandre de Macédoine, Agathocle, Romulus, Tar-

quin, Jules César, Auguste et même Néron, Charlemagne, Théodoric, Clovis, Hugues Capet, Louis XI,
Gonzalve de Cordoue, César Borgia, voilà les ancêtres
de mes doctrines. J'en passe, et des meilleurs, sans
parler, bien entendu, de ceux qui sont venus après
moi, dont la liste serait longue, et auxquels le *Traité
du Prince* n'a rien appris que ce qu'ils savaient déjà
par la pratique du pouvoir. Qui m'a rendu dans votre
temps un plus éclatant hommage que Frédéric II ? Il
me réfutait la plume à la main dans l'intérêt de sa
popularité, et en politique il appliquait rigoureusement
mes doctrines.

Par quel inexplicable travers de l'esprit humain
m'a-t-on fait un grief de ce que j'ai écrit dans cet
ouvrage ? Autant vaudrait reprocher au savant de
rechercher les causes physiques qui amènent la chute
des corps qui nous blessent en tombant, au médecin
de décrire les maladies, au chimiste de faire l'histoire
des poisons, au moraliste de peindre les vices, à l'his-
torien d'écrire l'histoire.

MONTESQUIEU.

Oh ! Machiavel, que Socrate n'est-il ici pour démêler le sophisme qui se cache dans vos paroles ! Si peu
apte que la nature m'ait fait à la discussion, il ne m'est
guère difficile de vous répondre : vous comparez au
poison et à la maladie les maux engendrés par l'esprit
de domination, d'astuce et de violence, et ce sont ces
maladies que vos écrits enseignent le moyen de com-
muniquer aux Etats, ce sont ces poisons que vous
apprenez à distiller. Quand le savant, quand le médecin, quand le moraliste recherchent le mal, ce n'est pas
pour enseigner à le propager : c'est pour le guérir. Or,
c'est ce que votre livre ne fait pas ; mais peu m'importe, et je n'en suis pas moins désarmé. Du moment
où vous n'érigez pas le despotisme en principe, du

I.

moment où vous le considérez vous-même comme un
mal, il me semble que par cela seul vous le condam-
nez, et sur ce point tout au moins nous pouvons être
d'accord.

MACHIAVEL.

Nous ne le sommes point, Montesquieu, car vous
n'avez pas compris toute ma pensée ; je vous ai prêté
le flanc par une comparaison dont il était trop facile
de triompher. L'ironie de Socrate, elle-même, ne m'inquiéterait pas, car ce n'était qu'un sophiste qui se
servait, plus habilement que les autres, d'un instrument faux, *la logomachie.* Ce n'est pas votre école et
ce n'est pas la mienne : laissons donc les mots et les
comparaisons pour nous en tenir aux idées. Voici comment je formule mon système, et je doute que vous
l'ébranliez, car il ne se compose que de déductions de
faits moraux et politiques d'une vérité éternelle. L'in-
stinct mauvais chez l'homme est plus puissant que le
bon. L'homme a plus d'entraînement vers le mal que
vers le bien ; la crainte et la force ont sur lui plus
d'empire que la raison. Je ne m'arrête point à démontrer de telles vérités; il n'y a eu chez vous que la
coterie écervelée du baron d'Holbach, dont J.-J. Rous-
seau fut le grand-prêtre et Diderot l'apôtre, pour avoir
pu les contredire. Les hommes aspirent tous à la domination, et il n'en est point qui ne fût oppresseur, s'il
le pouvait ; tous ou presque tous sont prêts à sacrifier
les droits d'autrui à leurs intérêts.

Qui contient entre eux ces animaux dévorants qu'on
appelle les hommes ? A l'origine des sociétés, c'est la
force brutale et sans frein ; plus tard, c'est la loi, c'est-
à-dire encore la force, réglée par des formes. Vous avez
consulté toutes les sources de l'histoire, partout la
force apparaît avant le droit.

La liberté politique n'est qu'une idée relative ; la

nécessité de vivre est ce qui domine les Etats comme les individus.

Sous certaines latitudes de l'Europe, il y a des peuples incapables de modération dans l'exercice de la liberté. Si la liberté s'y prolonge, elle se transforme en licence ; la guerre civile ou sociale arrive, et l'Etat est perdu, soit qu'il se fractionne et se démembre par l'effet de ses propres convulsions, soit que ses divisions le rendent la proie de l'étranger. Dans des conditions pareilles, les peuples préfèrent le despotisme à l'anarchie ; ont-ils tort ?

Les Etats une fois constitués ont deux sortes d'ennemis : les ennemis du dedans et les ennemis du dehors. Quelles armes emploieront-ils en guerre contre les étrangers ? Les deux généraux ennemis se communiqueront-ils réciproquement leurs plans de campagne pour se mettre mutuellement en état de se défendre ? S'interdiront-ils les attaques nocturnes, les piéges, les embuscades, les batailles en nombre de troupes inégal ? Non, sans doute, n'est-ce pas ? et de pareils combattants apprêteraient à rire. Et ces piéges, ces artifices, toute cette stratégie indispensable à la guerre, vous ne voulez pas qu'on l'emploie contre les ennemis du dedans, contre les factieux ? Sans doute, on y mettra moins de rigueur ; mais, au fond, les règles seront les mêmes. Est-il possible de conduire par la raison pure des masses violentes qui ne se meuvent que par des sentiments, des passions et des préjugés ?

Que la direction des affaires soit confiée à un autocrate, à une oligarchie ou au peuple lui-même, aucune guerre, aucune négociation, aucune réforme intérieure, ne pourra réussir, sans le secours de ces combinaisons que vous paraissez réprouver, mais que vous auriez été obligé d'employer vous-même si le roi de France vous eût chargé de la moindre affaire d'Etat.

Réprobation puérile que celle qui a frappé le *Traité du Prince !* Est-ce que la politique a rien à démêler avec la morale ? Avez-vous jamais vu un seul Etat se conduire d'après les principes qui régissent la morale privée ? Mais toute guerre serait un crime, même quand elle aurait une cause juste ; toute conquête n'ayant d'autre mobile que la gloire, serait un forfait ; tout traité dans lequel une puissance aurait fait pencher la balance de son côté, serait une indigne tromperie ; toute usurpation du pouvoir souverain serait un acte qui mériterait la mort. Rien ne serait légitime que ce qui serait fondé sur le droit ! mais, je vous l'ai dit tout à l'heure, et je le maintiens, même en présence de l'histoire contemporaine : tous les pouvoirs souverains ont eu la force pour origine, ou, ce qui est la même chose, le négation du droit. Est-ce à dire que je le proscris ? Non ; mais je le regarde comme d'une application extrêmement limitée, tant dans les rapports des nations entre elles que dans les rapports des gouvernants avec les gouvernés.

Ce mot de droit lui-même, d'ailleurs, ne voyez-vous pas qu'il est d'un vague infini ? Où commence-t-il, où finit-il ? Quand le droit existera-t-il, et quand n'existera-t-il pas ? Je prends des exemples. Voici un Etat : la mauvaise organisation des pouvoirs publics, la turbulence de la démocratie, l'impuissance des lois contre les factieux, le désordre qui règne partout, vont le précipiter dans la ruine. Un homme hardi s'élance des rangs de l'aristocratie ou du sein du peuple ; il brise tous les pouvoirs constitués ; il met la main sur les lois, il remanie toutes les institutions, et il donne vingt ans de paix à son pays. Avait-il le droit de faire ce qu'il a fait ?

Pisistrate s'empare de la citadelle par un coup de main, et prépare le siècle de Périclès. Brutus viole la

Constitution monarchique de Rome, expulse les Tarquins, et fonde à coups de poignard une République dont la grandeur est le plus imposant spectacle qui ait été donné à l'univers. Mais la lutte entre le patriciat et la plèbe, qui, tant qu'elle a été contenue, a fait la vitalité de la République, en amène la dissolution, et tout va périr. César et Auguste apparaissent; ce sont encore des violateurs; mais l'empire romain qui a succédé à la République, grâce à eux, dure autant qu'elle, et ne succombe qu'en couvrant le monde entier de ses débris. Eh bien! le droit était-il avec ces hommes audacieux? Non, selon vous. Et cependant la postérité les a couverts de gloire; en réalité, ils ont servi et sauvé leur pays; ils en ont prolongé l'existence à travers les siècles. Vous voyez bien que dans les Etats le principe du droit est dominé par celui de l'intérêt, et ce qui se dégage de ces considérations, c'est que *le bien peut sortir du mal; qu'on arrive au bien par le mal,* comme on guérit par le poison, comme on sauve la vie par le tranchant du fer. Je me suis moins préoccupé de ce qui est bon et moral que de ce qui est utile et nécessaire; j'ai pris les sociétés telles qu'elles sont, et j'ai donné des règles en conséquence.

Abstraitement parlant, la violence et l'astuce sont-elles un mal? Oui; mais il faudra bien les employer pour gouverner les hommes, tant que les hommes ne seront pas des anges.

Tout est bon ou mauvais, suivant l'usage qu'on en fait et le fruit qu'on en tire; la fin justifie les moyens : et maintenant si vous me demandez pourquoi, moi républicain, je donne partout la préférence au gouvernement absolu, je vous dirai que, témoin dans ma patrie de l'inconstance et de la lâcheté de la populace, de son goût inné pour la servitude, de son incapacité à concevoir et à respecter les conditions de la vie libre, c'est à mes yeux une force aveugle qui se dissout tôt ou tard, si elle n'est dans la main d'un seul homme; je réponds que le peuple, livré à lui-même, ne saura que se détruire, qu'il ne saura jamais administrer, ni juger, ni faire la guerre. Je vous dirai que la Grèce n'a brillé que dans les éclipses de la liberté; que sans le despotisme de l'aristocratie romaine, et que, plus tard, sans le despotisme des empereurs, l'éclatante civilisation de l'Europe ne se fût jamais développée.

Chercherai-je mes exemples dans les Etats modernes? Ils sont si frappants et si nombreux que je prendrai les premiers venus.

Sous quelles institutions et sous quels hommes les républiques italiennes ont-elles brillé? Avec quels souverains l'Espagne, la France, l'Allemagne, ont-elles constitué leur puissance? Sous les Léon X, les Jules II, les Philippe II, les Barberousse, les Louis XIV, les Napoléon, tous hommes à la main terrible, et posée plus souvent sur la garde de leurs épées que sur la charte de leurs Etats.

Mais je m'étonne d'avoir parlé si longtemps pour convaincre l'illustre écrivain qui m'écoute. Une partie de ces idées n'est-elle pas, si je suis bien informé, dans l'*Esprit des Lois*? Ce discours a-t-il blessé l'homme grave et froid qui a médité, sans passion, sur les problèmes de la politique? Les *Encyclopédistes* n'étaient pas des Catons: l'auteur des *Lettres persanes* n'était pas un saint, ni même un dévot bien fervent. Notre école, qu'on dit immorale, était peut-être plus attachée au vrai Dieu que les philosophes du XVIIIᵉ siècle.

MONTESQUIEU.

Vos dernières paroles me trouvent sans colère, Machiavel, et je vous ai écouté avec attention. Voulez-vous m'entendre, et me laisserez-vous en user à votre égard avec la même liberté?

MACHIAVEL.

Je me tiens pour muet, et j'écoute dans un respec-
tueux silence celui que l'on a appelé *le législateur des
nations.*

DEUXIEME DIALOGUE.

MONTESQUIEU.

Vos doctrines n'ont rien de nouveau pour moi, Machiavel, et, si j'éprouve quelque embarras à les réfuter, c'est bien moins parce qu'elles inquiètent ma raison, que parce que, fausses ou vraies, elles n'ont point de base philosophique. J'entends bien que vous êtes, avant tout, un homme politique, et que les faits vous touchent de plus près que les idées. Mais vous conviendrez cependant que, quand il s'agit de gouvernement, il faut aboutir à des principes. Vous ne faites aucune place, dans votre politique, ni à la morale, ni à la religion, ni au droit : vous n'avez à la bouche que deux mots : *la force et l'astuce*. Si votre système se réduit à dire que la force joue un grand rôle dans les affaires humaines, que l'habileté est une qualité nécessaire à l'homme d'Etat, vous comprenez bien que c'est là une vérité qui n'a pas besoin de démonstration; mais, si vous érigez la violence en principe, l'astuce en maxime de gouvernement, si vous ne tenez compte dans vos calculs d'aucune des lois de l'humanité, le code de la tyrannie n'est plus que le code de la brute, car les animaux aussi sont adroits et forts, et il n'y a, en effet, parmi eux d'autre droit que celui de la force brutale. Mais je ne crois pas que votre fatalisme lui-même aille jusque-là, car vous reconnaissez l'existence du bien et du mal.

Votre principe, c'est que *le bien peut sortir du mal*,

et qu'il est permis de faire le mal quand il en peut résulter un bien. Ainsi, vous ne dites pas : Il est bien en soi de trahir sa parole ; il est bien d'user de la corruption, de la violence et du meurtre. Mais vous dites : On peut trahir quand cela est utile, tuer quand cela est nécessaire, prendre le bien d'autrui quand cela est avantageux. Je me hâte d'ajouter que, dans votre système, ces maximes ne s'appliquent qu'aux princes, et quand il s'agit de leurs intérêts ou de ceux de l'Etat. En conséquence, le prince a le droit de violer ses serments ; il peut verser le sang à flots pour s'emparer du pouvoir ou pour s'y maintenir ; il peut dépouiller ceux qu'il a proscrits, renverser toutes les lois, en donner de nouvelles et les violer encore ; dilapider les finances, corrompre, comprimer, punir et frapper sans cesse.

MACHIAVEL.

Mais n'est-ce pas vous-même qui avez dit que, dans les Etats despotiques, la crainte était nécessaire, la vertu inutile, l'honneur dangereux ; qu'il fallait une obéissance aveugle, et que le prince était perdu s'il cessait de lever le bras un instant (1).

MONTESQUIEU.

Oui, je l'ai dit ; mais quand je constatais, comme vous, les conditions affreuses auxquelles se maintient le pouvoir tyrannique, c'était pour le flétrir et non pour lui élever des autels ; c'était pour en inspirer l'horreur à ma patrie, qui jamais, heureusement pour elle, n'a courbé la tête sous un pareil joug. Comment ne voyez-vous pas que la force n'est qu'un accident dans la marche des sociétés régulières, et que les pouvoirs les plus arbitraires sont obligés de chercher leur sanction dans des considérations étrangères aux théories de la force. Ce n'est pas seulement au nom de

(1) *Esp. des Lois*, p. 24 et 25, chap. IX, livre III.

2

l'intérêt, c'est au nom du devoir qu'agissent tous les oppresseurs. Ils le violent, mais ils l'invoquent ; la doctrine de l'intérêt est donc aussi impuissante à elle seule que les moyens qu'elle emploie.

MACHIAVEL.

Ici, je vous arrête ; vous faites une part à l'intérêt, cela suffit pour justifier toutes les nécessités politiques qui ne sont pas d'accord avec le droit.

MONTESQUIEU.

C'est la raison d'Etat que vous invoquez. Remarquez donc que je ne puis pas donner pour base aux sociétés précisément ce qui les détruit. Au nom de l'intérêt, les princes et les peuples, comme les citoyens, ne commettront que des crimes. L'intérêt de l'Etat, dites-vous ! Mais comment reconnaîtrai-je s'il lui est réellement profitable de commettre telle ou telle iniquité ? Ne savons-nous pas que l'intérêt de l'Etat, c'est le plus souvent l'intérêt du prince en particulier, ou celui des favoris corrompus qui l'entourent ? Je ne suis pas exposé à des conséquences pareilles en donnant le droit pour base à l'existence des sociétés, parce que la notion du droit trace des limites que l'intérêt ne doit pas franchir.

Que si vous me demandez quel est le fondement du droit, je vous dirai que c'est la morale, dont les préceptes n'ont rien de douteux ni d'obscur, parce qu'ils sont écrits dans toutes les religions, et qu'ils sont imprimés en caractères lumineux dans la conscience de l'homme. C'est de cette source pure que doivent découler toutes les lois civiles, politiques, économiques, internationales.

Ex eodem jure, sive ex eodem fonte, sive ex eodem principio.

Mais c'est ici qu'éclate votre inconséquence ; vous êtes catholique, vous êtes chrétien ; nous adorons le même Dieu, vous admettez ses commandements, vous admettez la morale, vous admettez le droit dans les rapports des hommes entre eux, et vous foulez aux pieds toutes ces règles quand il s'agit de l'Etat ou du prince. En un mot, *la politique n'a rien à démêler, selon vous, avec la morale.* Vous permettez au monarque ce que vous défendez au sujet. Suivant que les mêmes actions sont accomplies par le faible ou par le fort, vous les glorifiez ou vous les blâmez ; elles sont des crimes ou des vertus, suivant le rang de celui qui les accomplit. Vous louez le prince de les avoir faites, *et vous envoyez le sujet aux galères.* Vous ne songez donc pas qu'avec des maximes pareilles, il n'y a pas de société qui puisse vivre ; vous croyez que le sujet tiendra longtemps ses serments quand il verra le souverain les trahir ; qu'il respectera les lois quand il saura que celui qui les lui a données les a violées, et qu'il les viole tous les jours ; vous croyez qu'il hésitera dans la voie de la violence, de la corruption et de la fraude, quand il y verra marcher sans cesse ceux qui sont chargés de le conduire ? Détrompez-vous ; sachez que chaque usurpation du prince dans le domaine de la chose publique autorise une infraction semblable dans la sphère du sujet ; que chaque perfidie politique engendre une perfidie sociale ; que chaque violence en haut légitime une violence en bas. Voilà pour ce qui regarde les citoyens entre eux.

Pour ce qui les regarde dans leurs rapports avec les gouvernants, je n'ai pas besoin de vous dire que c'est la guerre civile introduite à l'état de ferment, au sein de la société. Le silence du peuple n'est que la trêve du vaincu, pour qui la plainte est un crime. Attendez qu'il se réveille : vous avez inventé la théorie de la force ; soyez sûr qu'il l'a retenue. Au premier jour, il rompra ses chaînes ; il les rompra sous le prétexte le plus futile peut-être, et il reprendra par la force ce que la force lui a arraché.

La maxime du despotisme, c'est le *perinde ac cadaver* des jésuites ; tuer ou être tué : voilà sa loi ; c'est l'abrutissement aujourd'hui, la guerre civile demain. C'est ainsi, du moins, que les choses se passent sous les climats d'Europe : dans l'Orient, les peuples sommeillent en paix dans l'avilissement de la servitude.

Les princes ne peuvent donc pas se permettre ce que la morale privée ne permet pas : c'est là ma conclusion ; elle est formelle. Vous avez cru m'embarrasser en me proposant l'exemple de beaucoup de grands hommes qui, par des actes hardis accomplis en violation des lois, avaient donné la paix à leur pays, quelquefois la gloire ; et c'est de là que vous tirez votre grand argument : *le bien sort du mal.* J'en suis peu touché ; il ne m'est pas démontré que ces hommes audacieux ont fait plus de bien que de mal ; il n'est nullement établi pour moi que les sociétés ne se fussent pas sauvées et soutenues sans eux. Les moyens de salut qu'ils apportent ne compensent pas les germes de dissolution qu'ils introduisent dans les Etats. Quelques années d'anarchie sont souvent bien moins funestes pour un royaume que plusieurs années de despotisme silencieux.

Vous admirez les grands hommes ; je n'admire que les grandes institutions. Je crois que, pour être heureux, les peuples ont moins besoin d'hommes de génie que d'hommes intègres ; mais je vous accorde, si vous le voulez, que quelques-unes des entreprises violentes dont vous faites l'apologie, ont pu tourner à l'avantage de certains Etats. Ces actes pouvaient se justifier dans les sociétés antiques où régnaient l'esclavage et le dogme de la fatalité. On les retrouve dans le moyen-âge et même dans les temps modernes ; mais au fur et à mesure que les mœurs se sont adoucies, que les lumières se sont propagées chez les divers peuples de l'Europe, à mesure, surtout, que les principes de la science politique ont été mieux connus, le droit s'est trouvé substitué à la force dans les principes comme dans les faits. Sans doute, les orages de la liberté existeront toujours, et il se commettra encore bien des crimes en son nom ; mais le fatalisme politique n'existe plus. Si vous avez pu dire, dans votre temps, que le despotisme était un mal nécessaire, vous ne le pourriez pas aujourd'hui, car, dans l'état actuel des mœurs et des institutions politiques chez les principaux peuples de l'Europe, le despotisme est devenu impossible.

MACHIAVEL.

Impossible ?... Si vous parvenez à me prouver cela, je consens à faire un pas dans le sens de vos idées.

MONTESQUIEU.

Je vais vous le prouver très-facilement, si vous voulez bien me suivre encore.

MACHIAVEL.

Très-volontiers, mais prenez garde ; je crois que vous vous engagez beaucoup.

TROISIEME DIALOGUE.

MONTESQUIEU.

Une masse épaisse d'ombres se dirige vers cette plage ; la région où nous sommes sera bientôt envahie. Venez de ce côté; sans cela, nous ne tarderions pas à être séparés.

MACHIAVEL.

Je n'ai point trouvé dans vos dernières paroles la précision qui caractérisait votre langage au commencement de notre entretien. Je trouve que vous avez exagéré les conséquences des principes qui sont renfermés dans l'*Esprit des Lois*.

MONTESQUIEU.

J'ai évité à dessein, dans cet ouvrage, de faire de longues théories. Si vous le connaissiez autrement que par ce qui vous en a été rapporté, vous verriez que les développements particuliers que je vous donne ici découlent sans effort des principes que j'ai posés. Au surplus, je ne fais pas difficulté d'avouer que la connaissance que j'ai acquise des temps nouveaux n'ait modifié ou complété quelques-unes de mes idées.

MACHIAVEL.

Comptez-vous sérieusement soutenir que le despotisme est incompatible avec l'état politique des peuples de l'Europe ?

MONTESQUIEU.

Je n'ai pas dit tous les peuples; mais je vous citerai, si vous voulez, ceux chez qui le développement de la science politique a amené ce grand résultat.

MACHIAVEL.

Quels sont ces peuples?

MONTESQUIEU.

L'Angleterre, la France, la Belgique, une portion de l'Italie, la Prusse, la Suisse, la Confédération germanique, la Hollande, l'Autriche même, c'est-à-dire, comme vous le voyez, presque toute la partie de l'Europe sur laquelle s'étendait autrefois le monde romain.

MACHIAVEL.

Je connais un peu ce qui s'est passé en Europe depuis 1527 jusqu'au temps actuel, et je vous avoue que je suis fort curieux de vous entendre justifier votre proposition.

MONTESQUIEU.

Eh bien! écoutez-moi, et je parviendrai peut-être à vous convaincre. Ce ne sont pas les hommes, ce sont les institutions qui assurent le règne de la liberté et des bonnes mœurs dans les Etats. De la perfection ou de l'imperfection des institutions dépend tout le bien, mais dépendra nécessairement aussi tout le mal qui peut résulter pour les hommes de leur réunion en société; et, quand je demande les meilleures institutions, vous comprenez bien que, suivant le mot si beau de Solon, j'entends *les institutions les plus parfaites que les peuples puissent supporter.* C'est vous dire que je ne conçois pas pour eux des conditions d'existence impossibles, et que par là je me sépare de ces déplorables réformateurs qui prétendent construire les sociétés sur de pures hypothèses rationnelles sans tenir compte du climat, des habitudes, des mœurs et même des préjugés.

A l'origine des nations, les institutions sont ce qu'elles peuvent. L'antiquité nous a montré des civilisations merveilleuses, des États dans lesquels les conditions du gouvernement libre étaient admirablement comprises.

Les peuples de l'ère chrétienne ont eu plus de difficulté à mettre leurs constitutions en harmonie avec le mouvement de la vie politique ; mais ils ont profité des enseignements de l'antiquité, et avec des civilisations infiniment plus compliquées, ils sont cependant arrivés à des résultats plus parfaits.

Une des causes premières de l'anarchie, comme du despotisme, a été l'ignorance théorique et pratique dans laquelle les États de l'Europe ont été pendant si longtemps sur les principes qui président à l'organisation des pouvoirs. Comment, lorsque le principe de la souveraineté résidait uniquement dans la personne du prince, le droit de la nation pouvait-il être affirmé ? Comment, lorsque celui qui était chargé de faire exécuter les lois, était en même temps le législateur, sa puissance n'eût-elle pas été tyrannique ? Comment les citoyens pouvaient-ils être garantis contre l'arbitraire, lorsque, le pouvoir législatif et le pouvoir exécutif étant déjà confondus, le pouvoir judiciaire venait encore se réunir dans la même main (1) ?

Je sais bien que certaines libertés, que certains droits publics qui s'introduisent tôt ou tard dans les mœurs politiques les moins avancées, ne laissaient pas que d'apporter des obstacles à l'exercice illimité de la royauté absolue ; que, d'un autre côté, la crainte de faire crier le peuple, l'esprit de douceur de certains rois, les portaient à user avec modération des pouvoirs excessifs dont ils étaient investis ; mais il n'en est pas moins vrai que ces garanties si précaires étaient à la merci du monarque qui possédait en principe les biens, les droits et la personne des sujets. La division des pouvoirs a réalisé en Europe le problème des sociétés libres, et si quelque chose peut adoucir pour moi l'an-

(1) *Esp. des Lois*, p. 129, liv. XI, ch. VI.

xiété des heures qui précèdent le jugement dernier,
c'est la pensée que mon passage sur la terre n'a point
été étranger à cette grande émancipation.

Vous êtes né, Machiavel, sur les limites du moyen-
âge, et vous avez vu, avec la renaissance des arts,
s'ouvrir l'aurore des temps modernes; mais la société
au milieu de laquelle vous avez vécu, était, permettez-
moi de le dire, encore tout empreinte des errements de
la barbarie; l'Europe était un tournoi. Les idées de
guerre, de domination et de conquête remplissaient la
tête des hommes d'Etat et des princes. La force était
tout alors, le droit fort peu de chose, j'en conviens;
les royaumes étaient comme la proie des conquérants;
à l'intérieur des Etats, les souverains luttaient contre
les grands vassaux; les grands vassaux écrasaient les
cités. Au milieu de l'anarchie féodale qui mettait toute
l'Europe en armes, les peuples foulés aux pieds s'étaient
habitués à regarder les princes et les grands comme
des divinités fatales, auxquelles le genre humain était
livré. Vous êtes venu dans ces temps pleins de tumulte,
mais aussi pleins de grandeur. Vous avez vu des capitaines intrépides, des hommes de fer, des génies audacieux; et ce monde, rempli de sombres beautés dans
son désordre, vous est apparu comme il apparaîtrait à
un artiste dont l'imagination serait plus frappée que le
sens moral; c'est là ce qui, à mes yeux, explique le
Traité du Prince, et vous n'étiez pas si loin de la vérité que vous voulez bien le dire, lorsque tout à l'heure,
par une feinte italienne, il vous plaisait, pour me son-
der, de l'attribuer à un caprice de diplomate. Mais,
depuis vous, le monde a marché; les peuples se regardent aujourd'hui comme les arbitres de leurs destinées;
ils ont, en fait comme en droit, détruit les priviléges,
détruit l'aristocratie; ils ont établi un principe qui serait bien nouveau pour vous, descendant du marquis

Hugo : ils ont établi le principe de l'égalité ; ils ne voient plus dans ceux qui les gouvernent que des mandataires ; ils ont réalisé le principe de l'égalité par des lois civiles que rien ne pourrait leur arracher. Ils tiennent à ces lois comme à leur sang, parce qu'elles ont coûté, en effet, bien du sang à leurs ancêtres.

Je vous parlais des guerres tout à l'heure : elles sévissent toujours, je le sais ; mais, le premier progrès, c'est qu'elles ne donnent plus aujourd'hui aux vainqueurs la propriété des États vaincus. Un droit que vous avez à peine connu, le droit international, régit aujourd'hui les rapports des nations entre elles, comme le droit civil régit les rapports des sujets dans chaque nation.

Après avoir assuré leurs droits privés par des lois civiles, leurs droits publics par des *traités*, les peuples ont voulu se mettre en règle avec leurs princes, et ils ont assuré leurs droits politiques par des *constitutions*. Longtemps livrés à l'arbitraire par la confusion des pouvoirs, qui permettait aux princes *de faire des lois tyranniques pour les exercer tyranniquement*, ils ont séparé les trois pouvoirs, législatif, exécutif et judiciaire, par des lignes constitutionnelles qui ne peuvent être franchies sans que l'alarme soit donnée à tout le corps politique.

Par cette seule réforme, qui est un fait immense, le droit public intérieur a été créé, et les principes supérieurs qui le constituent se trouvent dégagés. La personne du prince cesse d'être confondue avec celle de l'État ; la souveraineté apparaît comme ayant en partie sa source au sein même de la nation, qui fait la distribution des pouvoirs entre le prince et des corps politiques indépendants les uns des autres. Je ne veux point faire, devant l'illustre homme d'État qui m'entend, une théorie développée du régime qui s'appelle, en

Angleterre et en France, *le régime constitutionnel* ; il est passé aujourd'hui dans les mœurs des principaux États de l'Europe, non-seulement parce qu'il est l'expression de la plus haute science politique, mais surtout parce qu'il est le seul mode pratique de gouvernement en présence des idées de la civilisation moderne.

Dans tous les temps, sous le règne de la liberté comme sous celui de la tyrannie, on n'a pu gouverner que par des lois. C'est donc sur *la manière dont les lois sont faites* que sont fondées toutes les garanties des citoyens. Si c'est le prince qui est le législateur unique, il ne fera que des lois tyranniques, heureux s'il ne bouleverse pas la constitution de l'État en quelques années ; mais, en tout cas, on est en plein absolutisme ; si c'est un sénat, on a constitué l'oligarchie, régime odieux au peuple parce qu'il lui donne autant de tyrans que de maîtres ; si c'est le peuple, on court à l'anarchie, ce qui est une autre manière d'aboutir au despotisme ; si c'est une assemblée élue par le peuple, la première partie du problème se trouve déjà résolue ; car c'est là la base même du gouvernement représentatif, aujourd'hui en vigueur dans toute la partie méridionale de l'Europe.

Mais une assemblée de représentants du peuple qui posséderait à elle seule toute la souveraineté législative, ne tarderait pas à abuser de sa puissance, et à faire courir à l'État les plus grands périls. Le régime qui s'est définitivement constitué, heureuse transaction entre l'aristocratie, la démocratie et l'établissement monarchique, participe à la fois de ces trois formes de gouvernement, au moyen d'une pondération de pouvoirs qui semble être le chef-d'œuvre de l'esprit humain. La personne du souverain reste sacrée, inviolable ; mais, tout en conservant une masse d'attributions capitales qui, pour le bien de l'État, doivent demeurer

en sa puissance, son rôle essentiel n'est plus que d'être
le procurateur de l'exécution des lois. N'ayant plus
dans sa main la plénitude des pouvoirs, sa responsabilité s'efface et passe sur la tête des ministres qu'il as-
socie à son gouvernement. La loi, dont il a la proposition exclusive, ou concurremment avec un autre corps
d'Etat, est préparée par un conseil composé d'hommes
mûris dans l'expérience des affaires, soumise à une
Chambre haute, héréditaire ou viagère, qui examine si
ses dispositions n'ont rien de contraire à la Constitution,
votée par un Corps législatif émané du suffrage de la
nation, appliquée par une magistrature indépendante.
Si la loi est vicieuse, elle est rejetée ou amendée par le
Corps législatif : la Chambre haute s'oppose à son
adoption, si elle est contraire aux principes sur lesquels
repose la Constitution.

Le triomphe de ce système si profondément conçu, et
dont le mécanisme, vous le comprenez, peut se combi-
ner de mille manières, suivant le tempérament des peuples auxquels il s'applique, a été de concilier l'ordre
avec la liberté, la stabilité avec le mouvement, de faire
participer l'universalité des citoyens à la vie politique,
en supprimant les agitations de la place publique. C'est
le pays se gouvernant lui-même, par le déplacement
alternatif des majorités, qui influent dans les Chambres
sur la nomination des ministres dirigeants.

Les rapports entre le prince et les sujets reposent,
comme vous le voyez, sur un vaste système de garanties dont les bases inébranlables sont dans l'ordre civil.
Nul ne peut être atteint dans sa personne ou dans ses
biens par un acte de l'autorité administrative ; la liberté individuelle est sous la protection des magistrats ;
en matière criminelle, les accusés sont jugés par leurs
pairs ; au-dessus de toutes les juridictions, il y a une
juridiction suprême chargée de casser les arrêts qui se-

raient rendus en violation des lois. Les citoyens eux-
mêmes sont armés, pour la défense de leurs droits, par
l'institution de milices bourgeoises qui concourent à la
police des cités; le plus simple particulier peut, par
voie de pétition, faire monter sa plainte jusqu'aux pieds
des assemblées souveraines qui représentent la nation.
Les communes sont administrées par des officiers publics nommés à l'élection. Chaque année, de grandes
assemblées provinciales, également issues du suffrage,
se réunissent pour exprimer les besoins et les vœux des
populations qui les entourent.

Telle est l'image trop affaiblie, ô Machiavel, de quelques-unes des institutions qui fleurissent aujourd'hui
dans les Etats modernes, et notamment dans ma belle
patrie; mais comme la publicité est de l'essence des
pays libres, toutes ces institutions ne pourraient vivre
longtemps si elles ne fonctionnaient au grand jour. Une
puissance encore inconnue dans votre siècle, et qui ne
faisait que naître de mon temps, est venue leur donner
le dernier souffle de la vie. C'est la *presse*, longtemps
proscrite, encore décriée par l'ignorance, mais à laquelle on pourrait appliquer le beau mot qu'a dit Adam
Smith, en parlant du crédit : *C'est une voie publique*.
C'est par cette voie, en effet, que se manifeste tout le
mouvement des idées chez les peuples modernes. La
presse exerce dans l'Etat comme des fonctions de police :
elle exprime les besoins, traduit les plaintes, dénonce
les abus, les actes arbitraires ; elle contraint à la mo-
ralité tous les dépositaires du pouvoir ; il lui suffit, pour
cela, de les mettre en face de l'opinion.

Dans des sociétés ainsi réglées, ô Machiavel, quelle
part pourriez-vous faire à l'ambition des princes et aux
entreprises de la tyrannie? Je n'ignore point par quelles convulsions douloureuses ces progrès ont triomphé.
En France, la liberté, noyée dans le sang pendant la

3

période révolutionnaire, ne s'est relevée qu'avec la Restauration. Là, de nouvelles commotions se préparaient encore; mais déjà tous les principes, toutes les institutions dont je vous ai parlé, étaient passés dans les mœurs de la France et des peuples qui gravitent dans la sphère de sa civilisation. J'en ai fini, Machiavel. Les Etats, comme les souverains, ne se gouvernent plus aujourd'hui que par les règles de la justice. Le ministre moderne qui s'inspirerait de vos leçons ne resterait pas un an au pouvoir; le monarque qui mettrait en pratique les maximes du *Traité du Prince* soulèverait contre lui la réprobation de ses sujets; il serait mis au ban de l'Europe.

MACHIAVEL.

Vous croyez?

MONTESQUIEU.

Me pardonnerez-vous ma franchise?

MACHIAVEL.

Pourquoi non?

MONTESQUIEU.

Dois-je penser que vos idées se sont quelque peu modifiées?

MACHIAVEL.

Je me propose de démolir, pièce à pièce, toutes les belles choses que vous venez de dire, et de vous démontrer que ce sont mes doctrines seules qui l'emportent même aujourd'hui, malgré les nouvelles idées, malgré les nouvelles mœurs, malgré vos prétendus principes de droit public, malgré toutes les institutions dont vous venez de me parler; mais permettez-moi, auparavant, de vous adresser une question : Où en êtes-vous resté de l'histoire contemporaine?

MONTESQUIEU.

Les notions que j'ai acquises sur les divers Etats de l'Europe vont jusqu'aux derniers jours de l'année 1847.

Les hasards de ma marche errante à travers ces espaces infinis et la multitude confuse des âmes qui les remplissent ne m'en ont fait rencontrer aucune qui ait pu me renseigner au delà de l'époque que je viens de vous dire. Depuis que je suis descendu dans le séjour des ténèbres, j'ai passé un demi-siècle environ parmi les peuples de l'ancien monde, et ce n'est guère que depuis un quart de siècle que j'ai rencontré les légions des peuples modernes ; encore faut-il dire que la plupart arrivaient des coins les plus reculés de l'univers. Je ne sais pas même au juste à quelle année du monde nous en sommes.

MACHIAVEL.

Ici, les derniers sont donc les premiers, ô Montesquieu ! L'homme d'Etat du moyen-âge, le politique des temps barbares, se trouve en savoir plus que le philosophe du dix-huitième siècle sur l'histoire des temps modernes. Les peuples sont en l'an de grâce 1864.

MONTESQUIEU.

Veuillez donc me faire savoir, Machiavel, je vous en prie instamment, ce qui s'est passé en Europe depuis l'année 1847.

MACHIAVEL.

Non pas, si vous permettez, avant que je me sois donné le plaisir de porter la déroute au sein de vos théories.

MONTESQUIEU.

Comme il vous plaira ; mais croyez bien que je ne conçois nulle inquiétude à cet égard. Il faut des siècles pour changer les principes et la forme des gouvernements sous lesquels les peuples ont pris l'habitude de vivre. Nul enseignement politique nouveau ne saurait résulter des quinze années qui viennent de s'écouler ; et, dans tous les cas, s'il en était ainsi, ce ne seraient pas

les doctrines de Machiavel qui jamais auraient triomphé.

MACHIAVEL.

Vous le pensez ainsi : écoutez-moi donc à votre tour.

QUATRIEME DIALOGUE.

MACHIAVEL.

En écoutant vos théories sur la division des pouvoirs
et sur les bienfaits que lui doivent les peuples de l'Europe, je ne pouvais m'empêcher d'admirer, Montesquieu, à quel point l'illusion des systèmes peut s'emparer des plus grands esprits.

Séduit par les institutions de l'Angleterre, vous avez
cru pouvoir faire du régime constitutionnel la panacée
universelle des Etats ; mais vous avez compté sans le
mouvement irrésistible qui arrache aujourd'hui les
sociétés à leurs traditions de la veille. Il ne se passera
pas deux siècles avant que cette forme de gouvernement, que vous admirez, ne soit plus en Europe qu'un
souvenir historique, quelque chose de suranné et de
caduc comme la règle des trois unités d'Aristote.

Permettez-moi d'abord d'examiner en elle-même
votre mécanique politique : vous balancez les trois pouvoirs, et vous les confinez chacun dans leur département ;
celui-ci fera les lois, cet autre les appliquera, un troisième les exécutera : le prince régnera, les ministres
gouverneront. Merveilleuse chose que cette bascule
constitutionnelle ! Vous avez tout prévu, tout réglé,
sauf le mouvement : le triomphe d'un tel système, ce
ne serait pas l'action, ce serait l'immobilité si le mécanisme fonctionnait avec précision ; mais, en réalité, les
choses ne se passeront pas ainsi. A la première occasion, le mouvement se produira par la rupture d'un des
ressorts que vous avez si soigneusement forgés. Croyez-

vous que les pouvoirs resteront longtemps dans les
limites constitutionnelles que vous leur avez assignées,
et qu'ils ne parviendront pas à les franchir? Quelle est
l'assemblée législative indépendante qui n'aspirera pas
à la souveraineté? Quelle est la magistrature qui ne
fléchira pas au gré de l'opinion? Quel est le prince,
surtout souverain d'un royaume ou chef d'une république, qui acceptera sans réserve le rôle passif auquel
vous l'aurez condamné; qui, dans le secret de sa pensée,
ne méditera pas le renversement des pouvoirs rivaux
qui gênent son action? En réalité, vous aurez mis aux
prises toutes les forces contraires, suscité toutes les entreprises, donné des armes à tous les partis. Vous aurez
livré le pouvoir à l'assaut de toutes les ambitions, et
fait de l'Etat une arène où se déchaîneront les factions.
Dans peu de temps, ce sera le désordre partout; d'in-
tarissables rhéteurs transformeront en joûtes oratoires
les assemblées délibérantes; d'audacieux journalistes,
d'effrénés pamphlétaires attaqueront tous les jours la
personne du souverain, discréditeront le gouvernement,
les ministres, les hommes en place...

MONTESQUIEU.

Je connais depuis longtemps ces reproches adressés
aux gouvernements libres. Ils n'ont pas de valeur à
mes yeux : les abus ne condamnent point les institutions. Je sais de nombreux Etats qui vivent en paix et
depuis longtemps sous de telles lois : je plains ceux qui
ne peuvent y vivre.

MACHIAVEL.

Attendez : dans vos calculs, vous n'avez compté
qu'avec des minorités sociales. Il y a des populations
gigantesques rivées au travail par la pauvreté, comme
elles l'étaient autrefois par l'esclavage. Qu'importent,
je vous le demande, à leur bonheur, toutes vos fictions
parlementaires? Votre grand mouvement politique n'a

abouti, en définitive, qu'au triomphe d'une minorité privilégiée par le hasard, comme l'ancienne noblesse l'était par la naissance. Qu'importe au prolétaire courbé sur son labeur, accablé sous le poids de sa destinée, que quelques orateurs aient le droit de parler, que quelques journalistes aient le droit d'écrire? Vous avez créé des droits qui resteront éternellement pour la masse du peuple à l'état de pure faculté, puisqu'il ne saurait s'en servir. Ces droits, dont la loi lui reconnaît la jouissance idéale et dont la nécessité lui refuse l'exercice réel, ne sont pour lui qu'une ironie amère de sa destinée. Je vous réponds qu'un jour il les prendra en haine, et qu'il les détruira de sa main pour se confier au despotisme.

MONTESQUIEU.

Quel mépris Machiavel a-t-il donc pour l'humanité, et quelle idée se fait-il de la bassesse des peuples modernes? Dieu puissant, je ne croirai pas que tu les aies créés si vils. Machiavel, quoi qu'il en dise, ignore les principes et les conditions d'existence de la civilisation actuelle. Le travail aujourd'hui est la loi commune, comme il est la loi divine, et, loin qu'il soit un signe de servitude parmi les hommes, il est le lien de leur association, l'instrument de leur égalité.

Les droits politiques n'ont rien d'illusoire pour le peuple dans les Etats où la loi ne reconnaît point de priviléges et où toutes les carrières sont ouvertes à l'activité individuelle. Sans doute, et dans aucune société il n'en saurait être autrement, l'inégalité des intelligences et des fortunes entraîne pour les individus d'inévitables inégalités dans l'exercice de leurs droits; mais ne suffit-il pas que ces droits existent pour que le vœu d'une philosophie éclairée soit rempli, pour que l'émancipation des hommes soit assurée dans la mesure où elle peut l'être? Pour ceux-là même que le hasard a fait naître dans les conditions les plus humbles, n'est-ce rien que de vivre dans le sentiment de leur indépendance et dans leur dignité de citoyens? Mais ce n'est là qu'un côté de la question ; car si la grandeur morale des peuples est liée à la liberté, ils n'y sont pas rattachés moins étroitement par leurs intérêts matériels.

MACHIAVEL.

C'est ici que je vous attendais. L'école à laquelle vous appartenez a posé des principes dont elle ne paraît pas apercevoir les dernières conséquences : vous croyez qu'ils conduisent au règne de la raison ; je vais vous montrer qu'ils ramènent au règne de la force. Votre système politique, pris dans sa pureté originelle, consiste à donner une part d'action à peu près égale aux divers groupes de forces dont les sociétés se composent, à faire concourir dans une juste proportion les activités sociales ; vous ne voulez pas que l'élément aristocratique prime l'élément démocratique. Cependant, le tempérament de vos institutions est de donner plus de force à l'aristocratie qu'au peuple, plus de force au prince qu'à l'aristocratie, proportionnant ainsi les pouvoirs à la capacité politique de ceux qui doivent les exercer.

MONTESQUIEU.

Vous dites vrai.

MACHIAVEL.

Vous faites participer les différentes classes de la société aux fonctions publiques suivant le degré de leur aptitude et de leurs lumières ; vous émancipez la bourgeoisie par le vote, vous contenez le peuple par le cens ; les libertés populaires créent la puissance de l'opinion, l'aristocratie donne le prestige des grandes manières, le trône jette sur la nation l'éclat du rang suprême ; vous gardez toutes les traditions, tous les grands souvenirs, le culte de toutes les grandes choses.

A la surface on voit une société monarchique, mais tout
est démocratique au fond; car, en réalité, il n'y a point
de barrières entre les classes, et le travail est l'instrument de toutes les fortunes. N'est-ce pas à peu près cela ?

MONTESQUIEU.

Oui, Machiavel; et vous savez du moins comprendre
les opinions que vous ne partagez pas.

MACHIAVEL.

Eh bien! toutes ces belles choses sont passées ou
passeront comme un rêve; car vous avez un nouveau
principe avec lequel toutes les institutions se décompo-
sent avec une rapidité foudroyante.

MONTESQUIEU.

Quel est donc ce principe?

MACHIAVEL.

C'est celui de la souveraineté populaire. On trouvera, n'en doutez pas, la quadrature du cercle, avant
d'arriver à concilier l'équilibre des pouvoirs avec l'existence d'un pareil principe chez les nations où il est
admis. Le peuple, par une conséquence absolument
inévitable, s'emparera, un jour ou l'autre, de tous les
pouvoirs dont on a reconnu que le principe était en
lui. Sera-ce pour les garder? Non. Après quelques
jours de folie, il les jettera, par lassitude, au premier
soldat de fortune qui se trouvera sur son chemin. Dans
votre pays, vous avez vu, en 1793, comment les coupe-
têtes français ont traité la monarchie représentative :
le peuple souverain s'est affirmé par le supplice de son
roi; puis il a fait litière de tous ses droits, il s'est donné
à Robespierre, à Barras, à Bonaparte.

Vous êtes un grand penseur, mais vous ne connaissez
pas l'inépuisable lâcheté des peuples; je ne dis pas de ceux
de mon temps, mais de ceux du vôtre : rampants devant
la force, sans pitié devant la faiblesse, implacables pour
des fautes, indulgents pour des crimes, incapables de

supporter les contrariété d'un régime libre, et patients
jusqu'au martyre pour toutes les violences du despotisme
audacieux, brisant les trônes dans des moments de colère, et se donnant des maîtres à qui ils pardonnent des
attentats pour le moindre desquels ils auraient décapité
vingt rois constitutionnels.

Cherchez donc la justice ; cherchez le droit, la stabilité, l'ordre, le respect des formes si compliquées de
votre mécanisme parlementaire, avec des masses violentes, indisciplinées, incultes, auxquelles vous avez dit :
Vous êtes le droit, vous êtes les maîtres, vous êtes les
arbitres de l'Etat ! Oh ! je sais bien que le prudent
Montesquieu, le politique circonspect, qui posait les
principes et réservait les conséquences, n'a point écrit
dans l'*Esprit des Lois* le dogme de la souveraineté populaire ; mais, comme vous le disiez tout à l'heure, les
conséquences découlent d'elles-mêmes des principes que
vous avez posés. L'affinité de vos doctrines avec celles
du *Contrat social* se fait assez sentir. Aussi, depuis le
jour où les révolutionnaires français, jurant *in verba
magistri*, ont écrit : « Une Constitution ne peut être
« que l'ouvrage libre d'une convention entre associés, »
le gouvernement monarchique et parlementaire a été
condamné à mort dans votre patrie. Vainement on a
essayé de restaurer les principes, vainement votre roi,
Louis XVIII, en rentrant en France, a-t-il tenté de
faire remonter les pouvoirs à leur source en promul-
guant les déclarations de 89 comme procédant de l'octroi
royal, cette pieuse fiction de la monarchie aristocratique était en contradiction trop flagrante avec le
passé : elle devait s'évanouir au bruit de la révolution
de 1830, comme le gouvernement de 1830, à son
tour...

MONTESQUIEU.

Achevez.

MACHIAVEL.

N'anticipons pas. Ce que'vous savez, ainsi que moi, du passé, m'autorise, dès à présent, à dire que le principe de la souveraineté populaire est destructif de toute stabilité, qu'il consacre indéfiniment le droit des révolutions. Il met les sociétés en guerre ouverte contre tous les pouvoirs humains et même contre Dieu ; il est l'incarnation même de la force. Il fait du peuple une brute féroce qui s'endort quand elle est repue de sang, et qu'on enchaîne ; et voici la marche invariable que suivent alors les sociétés dont le mouvement est réglé sur ce principe : la souveraineté populaire engendre la démagogie, la démagogie engendre l'anarchie, l'anarchie ramène au despotisme. Le despotisme, pour vous, c'est la barbarie. Eh bien ! vous voyez que les peuples retournent à la barbarie par le chemin de la civilisation.

Mais ce n'est pas tout, et je prétends qu'à d'autres points de vue encore le despotisme est la seule forme de gouvernement qui soit réellement appropriée à l'état social des peuples modernes. Vous m'avez dit que leurs intérêts matériels les rattachaient à la liberté ; ici, vous me faites trop beau jeu. Quels sont, en général, les États qui ont besoin de la liberté ? Ce sont ceux qui vivent par de grands sentiments, par de grandes passions, par l'héroïsme, par la foi, même par l'honneur, ainsi que vous le disiez de votre temps en parlant de la monarchie française. Le stoïcisme peut faire un peuple libre ; le christianisme, dans de certaines conditions, pourrait avoir le même privilége. Je comprends les nécessités de la liberté à Athènes, à Rome, chez des nations qui ne respiraient que pour la gloire des armes, dont la guerre satisfaisait toutes les expansions, qui avaient besoin d'ailleurs de toutes les énergies du patriotisme, de tous les enthousiasmes civiques pour triompher de leurs ennemis.

Les libertés publiques étaient le patrimoine naturel
des Etats dans lesquels les fonctions serviles et industrielles étaient délaissées aux esclaves, où l'homme
était inutile s'il n'était un citoyen. Je conçois encore
la liberté à certaines époques de l'ère chrétienne, et
notamment dans les petits Etats reliés entre eux par
des systèmes de confédération analogues à ceux des
républiques helléniques, comme en Italie et en Allemagne. Je retrouve là une partie des causes naturelles
qui rendaient la liberté nécessaire. Elle eût été presque
inoffensive dans des temps où le principe de l'autorité
n'était pas mis en question, où la religion avait un
empire absolu sur les esprits, où le peuple, placé sous
le régime tutélaire des corporations, marchait docile-
ment sous la main de ses pasteurs. Si son émancipation
politique eût été entreprise alors, elle eût pu l'être sans
danger, car elle se fût accomplie en conformité des
principes sur lesquels repose l'existence de toutes les
sociétés. Mais, avec vos grands Etats, qui ne vivent
plus que par l'industrie ; avec vos populations sans
Dieu et sans foi, dans des temps où les peuples ne se
satisfont plus par la guerre, et où leur activité violente
se reporte nécessairement au dedans, la liberté, avec
les principes qui lui servent de fondement, ne peut être
qu'une cause de dissolution et de ruine. J'ajoute qu'elle
n'est pas plus nécessaire aux besoins moraux des individus qu'elle ne l'est aux Etats.

De la lassitude des idées et du choc des révolutions
sont sorties des sociétés froides et désabusées qui sont
arrivées à l'indifférence en politique comme en religion,
qui n'ont plus d'autre stimulant que les jouissances
matérielles, qui ne vivent plus que par l'intérêt, qui
n'ont d'autre culte que l'or, dont les mœurs mercan-
tiles le disputent à celles des juifs qu'ils ont pris pour
modèles. Croyez-vous que ce soit par amour de la

liberté en elle-même que les classes inférieures essaient de monter à l'assaut du pouvoir? C'est par haine de ceux qui possèdent; au fond, c'est pour leur arracher leurs richesses, instrument des jouissances qu'ils envient.

Ceux qui possèdent implorent de tous les côtés un bras énergique, un pouvoir fort; ils ne lui demandent qu'une chose, c'est de protéger l'Etat contre des agitations auxquelles sa constitution débile ne pourrait résister, de leur donner à eux-mêmes la sécurité nécessaire pour qu'ils puissent jouir et faire leurs affaires. Quelles formes de gouvernement voulez-vous appliquer à des sociétés où la corruption s'est glissée partout, où la fortune ne s'acquiert que par les surprises de la fraude, où la morale n'a plus de garantie que dans les lois répressives, où le sentiment de la patrie lui-même s'est éteint dans je ne sais quel cosmopolitisme universel?

Je ne vois de salut pour ces sociétés, véritables colosses aux pieds d'argile, que dans l'institution d'une centralisation à outrance, qui mette toute la force publique à la disposition de ceux qui gouvernent; dans une administration hiérarchique semblable à celle de l'empire romain, qui règle mécaniquement tous les mouvements des individus; dans un vaste système de législation qui reprenne en détail toutes les libertés qui ont été imprudemment données; dans un despotisme gigantesque, enfin, qui puisse frapper immédiatement et à toute heure tout ce qui résiste, tout ce qui se plaint. Le Césarisme du Bas-Empire me paraît réaliser assez bien ce que je souhaite pour le bien-être des sociétés modernes. Grâce à ces vastes appareils qui fonctionnent déjà, m'a-t-on dit, en plus d'un pays de l'Europe, elles peuvent vivre en paix, comme en Chine, comme au Japon, comme dans l'Inde. Il ne faut pas qu'un

vulgaire préjugé nous fasse mépriser ces civilisations
orientales, dont on apprend chaque jour à mieux apprécier les institutions. Le peuple chinois, par exemple,
est très-commerçant et très-bien administré.

CINQUIEME DIALOGUE.

MONTESQUIEU.

J'hésite à vous répondre, Machiavel, car il y a dans vos dernières paroles je ne sais quelle raillerie satanique, qui me laisse intérieurement le soupçon que vos discours ne sont pas complétement d'accord avec vos secrètes pensées. Oui, vous avez la fatale éloquence qui fait perdre la trace de la vérité, et vous êtes bien le sombre génie dont le nom est encore l'effroi des générations présentes. Je reconnais de bonne grâce, toutefois, qu'avec un aussi puissant esprit on perdrait trop à se taire ; je veux vous écouter jusqu'au bout, et je veux même vous répondre, quoique, dès à présent, j'aie peu d'espoir de vous convaincre. Vous venez de faire de la société moderne un tableau vraiment sinistre ; je ne puis savoir s'il est fidèle, mais il est au moins incomplet, car, en toute chose, à côté du mal il y a le bien, et vous ne m'avez montré que le mal ; vous ne m'avez, d'ailleurs, pas donné le moyen de vérifier jusqu'à quel point vous êtes dans le vrai, car je ne sais ni de quels peuples ni de quels Etats vous avez voulu parler, quand vous m'avez fait cette noire peinture des mœurs contemporaines.

MACHIAVEL.

Eh bien ! admettons que j'aie pris pour exemple celle de toutes les nations de l'Europe qui est le plus avancée en civilisation, et à qui, je m'empresse de le dire, pourrait le moins s'appliquer le portrait que je viens de faire...

MONTESQUIEU.

C'est donc de la France que vous voulez parler ?

MACHIAVEL.

Eh bien ! oui.

MONTESQUIEU.

Vous avez raison, car c'est là qu'ont le moins pénétré les sombres doctrines du matérialisme. C'est la France qui est restée le foyer des grandes idées et des grandes passions dont vous croyez la source tarie, et c'est de là que sont partis ces grands principes du droit public auxquels vous ne faites point de place dans le gouvernement des Etats.

MACHIAVEL.

Vous pouvez ajouter que c'est le champ d'expérience consacré des théories politiques.

MONTESQUIEU.

Je ne connais point d'expérience qui ait encore profité, d'une manière durable, à l'établissement du despotisme, en France pas plus qu'ailleurs, chez les nations contemporaines ; et c'est ce qui tout d'abord me fait trouver bien peu conformes à la réalité des choses vos théories sur la nécessité du pouvoir absolu. Je ne connais, jusqu'à présent, que deux Etats en Europe complétement privés des institutions libérales qui ont modifié de toutes parts l'élément monarchique pur : ce sont la Turquie et la Russie, et encore, si vous regardiez de près aux mouvements intérieurs qui s'opèrent au sein de cette dernière puissance, peut-être y trouveriez-vous les symptômes d'une transformation prochaine. Vous m'annoncez, il est vrai, que, dans un avenir plus ou moins rapproché, les peuples, menacés d'une dissolution inévitable, reviendront au despotisme comme à l'arche de salut ; qu'ils se constitueront sous la forme de grandes monarchies absolues, analogues à celles de l'Asie ; ce n'est là qu'une prédiction : dans combien de temps s'accomplira-t-elle ?

MACHIAVEL.

Avant un siècle.

MONTESQUIEU.

Vous êtes divin; un siècle, c'est toujours autant de gagné; mais laissez-moi vous dire maintenant pourquoi votre prédiction ne s'accomplira pas. Les sociétés modernes ne doivent plus être envisagées aujourd'hui avec les yeux du passé. Leurs mœurs, leurs habitudes, leurs besoins, tout a changé. Il ne faut donc pas se fier sans réserve aux inductions de l'analogie historique, quand il s'agit de juger de leurs destinées. Il faut se garder surtout de prendre pour des lois universelles des faits qui ne sont que des accidents, et de transformer en règles générales les nécessités de telles situations ou de tels temps. De ce que le despotisme est arrivé plusieurs fois dans l'histoire, comme conséquence des perturbations sociales, s'ensuit-il qu'il doit être pris pour règle de gouvernement? De ce qu'il a pu servir de transition dans le passé, en conclurai-je qu'il soit propre à résoudre les crises des époques modernes? N'est-il pas plus rationnel de dire que d'autres maux appellent d'autres remèdes, d'autres problèmes d'autres solutions, d'autres mœurs sociales d'autres mœurs politiques? Une loi invariable des sociétés, c'est qu'elles tendent au perfectionnement, au progrès; l'éternelle sagesse les y a, si je puis le dire, condamnées; elle leur a refusé le mouvement en sens contraire. Ce progrès, il faut qu'elles l'atteignent.

MACHIAVEL.

Ou qu'elles meurent.

MONTESQUIEU.

Ne nous plaçons pas dans les extrêmes; les sociétés ne meurent jamais quand elles sont en voie d'enfantement. Lorsqu'elles se sont constituées sous le mode qui leur convient, leurs institutions peuvent s'altérer, tom-

ber en décadence et périr ; mais elles ont duré plusieurs
siècles. C'est ainsi que les divers peuples de l'Europe
ont passé, par des transformations successives, du système féodal au système monarchique, et du système
monarchique pur au régime constitutionnel. Ce développement progressif, dont l'unité est si imposante, n'a
rien de fortuit ; il est arrivé comme la conséquence
nécessaire du mouvement qui s'est opéré dans les idées
avant de se traduire dans les faits.

Les sociétés ne peuvent avoir d'autres formes de
gouvernement que celles qui sont en rapport avec leurs
principes, et c'est contre cette loi absolue que vous
vous inscrivez, quand vous croyez le despotisme compatible avec la civilisation moderne. Tant que les peuples ont regardé la souveraineté comme une émanation
pure de la volonté divine, ils se sont soumis sans mur-
mure au pouvoir absolu ; tant que leurs institutions
ont été insuffisantes pour assurer leur marche, ils ont
accepté l'arbitraire. Mais, du jour où leurs droits ont
été reconnus et solennellement déclarés ; du jour où des
institutions plus fécondes ont pu résoudre par la liberté
toutes les fonctions du corps social, la politique à
l'usage des princes est tombée de son haut ; le pouvoir
est devenu comme une dépendance du domaine public ;
l'art du gouvernement s'est changé en une affaire
d'administration. Aujourd'hui les choses sont ordon-
nées de telle sorte, dans les Etats, que la puissance
dirigeante n'y paraît plus que comme le moteur des
forces organisées.

A coup sûr, si vous supposez ces sociétés infectées
de toutes les corruptions, de tous les vices dont vous
me parliez il n'y a qu'un instant, elles marcheront
d'un pas rapide vers la décomposition ; mais comment
ne voyez-vous pas que l'argument que vous en tirez
est une véritable pétition de principe ? Depuis quand

la liberté abaisse-t-elle les âmes et dégrade-t-elle les caractères? Ce ne sont pas là les enseignements de l'histoire ; car elle atteste partout en traits de feu que les peuples les plus grands ont été les peuples les plus libres. Si les mœurs se sont avilies, comme vous le dites, dans quelque partie de l'Europe que j'ignore, c'est que le despotisme y aurait passé ; c'est que la liberté s'y serait éteinte ; il faut donc la maintenir là où elle est, et la rétablir là où elle n'est plus.

Nous sommes, en ce moment, ne l'oubliez pas, sur le terrain des principes ; et si les vôtres diffèrent des miens, je leur demande d'être invariables ; or, je ne sais plus où j'en suis quand je vous entends vanter la liberté dans l'antiquité, et la proscrire dans les temps modernes, la repousser ou l'admettre suivant les temps ou les lieux. Ces distinctions, en les supposant justifiées, n'en laissent pas moins le principe intact, et c'est au principe seul que je m'attache.

MACHIAVEL.

Comme un habile pilote, je vois que vous évitez les écueils, en vous tenant dans la haute mer. Les généralités sont d'un grand secours dans la discussion ; mais j'avoue que je suis très-impatient de savoir comment le grave Montesquieu s'en tirera avec le principe de la souveraineté populaire. Je n'ai pas pu savoir, jusqu'à ce moment, s'il faisait, ou non, partie de votre système. L'admettez-vous, ou ne l'admettez-vous pas ?

MONTESQUIEU.

Je ne puis répondre à une question qui se pose dans ces termes.

MACHIAVEL.

Je savais bien que votre raison elle-même se troublerait devant ce fantôme.

MONTESQUIEU.

Vous vous trompez, Machiavel ; mais, avant de vous

répondre, je devais vous rappeler ce qu'ont été mes écrits et le caractère de la mission qu'ils ont pu remplir. Vous avez rendu mon nom solidaire des iniquités de la Révolution française : c'est un jugement bien sévère pour le philosophe qui a marché d'un pas si prudent dans la recherche de la vérité. Né dans un siècle d'effervescence intellectuelle, à la veille d'une révolution qui devait emporter dans ma patrie les anciennes formes du gouvernement monarchique, je puis dire qu'aucune des conséquences prochaines du mouvement qui se faisait dans les idées n'échappa dès lors à ma vue. Je ne pus méconnaître que le système de la division des pouvoirs déplacerait nécessairement un jour le siége de la souveraineté.

Ce principe, mal connu, mal défini, mal appliqué surtout, pouvait engendrer des équivoques terribles, et bouleverser la société française de fond en comble. Le sentiment de ces périls devint la règle de mes ouvrages. Aussi, tandis que d'imprudents novateurs, s'attaquant immédiatement à la source du pouvoir, préparaient, à leur insu, une catastrophe formidable, je m'appliquais uniquement à étudier les formes des gouvernements libres, à dégager les principes proprement dits qui président à leur établissement. Homme d'Etat plutôt que philosophe, jurisconsulte plus que théologien, législateur pratique, si la hardiesse d'un tel mot m'est permise, plutôt que théoricien, je croyais faire plus pour mon pays en lui apprenant à se gouverner, qu'en mettant en question le principe même de l'autorité. A Dieu ne plaise pourtant que j'essaie de me faire un mérite plus pur aux dépens de ceux qui, comme moi, ont cherché de bonne foi la vérité ! Nous avons tous commis des fautes, mais à chacun la responsabilité de ses œuvres.

Oui, Machiavel, et c'est une concession que je n'hésite point à vous faire, vous aviez raison tout à l'heure quand vous disiez qu'il eût fallu que l'émancipation du peuple français se fit en conformité des principes supérieurs qui président à l'existence des sociétés humaines, et cette réserve vous laisse prévoir le jugement que je vais porter sur le principe de la souveraineté populaire.

D'abord, je n'admets point une désignation qui semble exclure de la souveraineté les classes les plus éclairées de la société. Cette distinction est fondamentale, parce qu'elle fera d'un Etat une démocratie pure ou un Etat représentatif. Si la souveraineté réside quelque part, elle réside dans la nation tout entière ; je l'appellerai donc tout d'abord la souveraineté nationale. Mais l'idée de cette souveraineté n'est pas une vérité absolue, elle n'est que relative. La souveraineté du pouvoir humain correspond à une idée profondément subversive, la souveraineté du droit humain ; c'est cette doctrine matérialiste et athée qui a précipité la Révolution française dans le sang, et lui a infligé l'opprobre du despotisme après le délire de l'indépendance. Il n'est pas exact de dire que les nations sont maîtresses absolues de leurs destinées, car leur souverain maître c'est Dieu lui-même, et elles ne seront jamais hors de sa puissance. Si elles possédaient la souveraineté absolue, elles pourraient tout, même contre la justice éternelle, même contre Dieu. Qui oserait aller jusque-là ? Mais le principe du droit divin, avec la signification qui s'y trouve communément attachée, n'est pas un principe moins funeste, car il voue les peuples à l'obscurantisme, à l'arbitraire, au néant; il reconstitue logiquement le régime des castes, il fait des peuples un troupeau d'esclaves, conduits, comme dans l'Inde, par la main des prêtres, et tremblant sous la verge du maître. Comment en serait-il autrement ? Si le souverain est

l'envoyé de Dieu, s'il est le représentant même de la
Divinité sur la terre, il a tout pouvoir sur les créatures
humaines soumises à son empire, et ce pouvoir n'aura
de frein que dans des règles générales d'équité, dont
il sera toujours facile de s'affranchir.

C'est dans le champ qui sépare ces deux opinions
extrêmes, que se sont livrées les furieuses batailles de
l'esprit de parti; les uns s'écrient : Point d'autorité
divine! les autres : Point d'autorité humaine! O Providence suprême, ma raison se refuse à accepter l'une
ou l'autre de ces alternatives; elles me paraissent toutes
deux un égal blasphème contre ta sagesse! Entre le
droit divin qui exclut l'homme et le droit humain qui
exclut Dieu, il y a la vérité, Machiavel; les nations
comme les individus sont libres entre les mains de Dieu.
Elles ont tous les droits, tous les pouvoirs, à la charge
d'en user suivant les règles de la justice éternelle. La
souveraineté est humaine en ce sens qu'elle est donnée
par les hommes, et que ce sont les hommes qui l'exer-
cent; elle est divine en ce sens qu'elle est instituée par
Dieu, et qu'elle ne peut s'exercer que suivant les préceptes qu'il a établis.

SIXIEME DIALOGUE.

MACHIAVEL.

Je désirerais arriver à des conséquences précises. Jusqu'où la main de Dieu s'étend-elle sur l'humanité ? Qui est-ce qui fait les souverains ?

MONTESQUIEU.

Ce sont les peuples.

MACHIAVEL.

Il est écrit : *Per me reges regnant*. Ce qui signifie au pied de la lettre : Dieu fait les rois.

MONTESQUIEU.

C'est une traduction à l'usage du *Prince*, ô Machiavel, et elle vous a été empruntée dans ce siècle par un de vos plus illustres partisans (1), mais ce n'est pas celle de l'Ecriture sainte. Dieu a institué la souveraineté, il n'institue pas les souverains. Sa main toute-puissante s'est arrêtée là, parce que c'est là que commence le libre arbitre humain. Les rois règnent selon mes commandements, ils doivent régner selon ma loi, tel est le sens du livre divin. S'il en était autrement, il faudrait dire que les bons comme les mauvais princes sont établis par la Providence; il faudrait s'incliner devant Néron comme devant Titus, devant Caligula comme devant Vespasien. Non, Dieu n'a pas voulu que les dominations les plus sacriléges pussent invoquer sa protection, que les tyrannies les plus viles pussent se réclamer de son investiture. Aux peuples

---

(1) Montesquieu fait évidemment ici allusion à Joseph de Maistre, dont le nom se retrouve d'ailleurs plus loin.

(*Note de l'éditeur.*)

comme aux rois il a laissé la responsabilité de leurs
actes.

MACHIAVEL.

Je doute fort que tout cela soit orthodoxe. Quoi
qu'il en soit, suivant vous, ce sont les peuples qui dis-
posent de l'autorité souveraine ?

MONTESQUIEU.

Prenez garde, en le contestant, de vous élever
contre une vérité de pur sens commun. Ce n'est pas là
une nouveauté dans l'histoire. Dans les temps anciens,
au moyen-âge, partout où la domination s'est établie
en dehors de l'invasion ou de la conquête, le pouvoir
souverain a pris naissance par la volonté libre des
peuples, sous la forme originelle de l'élection. Pour
n'en citer qu'un exemple, c'est ainsi qu'en France le
chef de la race carlovingienne a succédé aux descendants de Clovis, et la dynastie de Hugues Capet à
celle de Charlemagne (1). Sans doute l'hérédité est
venue se substituer à l'élection. L'éclat des services
rendus, la reconnaissance publique, les traditions ont
fixé la souveraineté dans les principales familles de l'Europe, et rien n'était plus légitime. Mais le principe de
la toute-puissance nationale s'est constamment retrouvé
au fond des révolutions, il a toujours été appelé pour
la consécration des pouvoirs nouveaux. C'est un principe antérieur et préexistant qui n'a fait que se réaliser
plus étroitement dans les diverses constitutions des
Etats modernes.

MACHIAVEL.

Mais si ce sont les peuples qui choisissent leurs
maîtres, ils peuvent donc aussi les renverser ? S'ils ont
le droit d'établir la forme de gouvernement qui leur
convient, qui les empêchera d'en changer au gré de

---

(1) *Esp. des Lois*, p. 543, 544, liv. XXXI, ch. IV.

leur caprice? Ce ne sera pas le régime de l'ordre et de
la liberté qui sortira de vos doctrines, ce sera l'ère
indéfinie des révolutions.

MONTESQUIEU.

Vous confondez le droit avec l'abus qui peut résulter
de son exercice, les principes avec leur application; ce
sont là des distinctions fondamentales, sans lesquelles
on ne peut s'entendre.

MACHIAVEL.

N'espérez pas m'échapper, je vous demande des
conséquences logiques; refusez-les-moi si vous le
voulez. Je désire savoir si, d'après vos principes, les
peuples ont le droit de renverser leurs souverains?

MONTESQUIEU.

Oui, dans des cas extrêmes et pour des causes
justes.

MACHIAVEL.

Qui sera juge de ces cas extrêmes et de la justice de
ces extrémités?

MONTESQUIEU.

Et qui voulez-vous qui le soit, sinon les peuples
eux-mêmes? Les choses se sont-elles passées autrement
depuis le commencement du monde? C'est là une
sanction redoutable sans doute, mais salutaire, mais
inévitable. Comment ne voyez-vous pas que la doctrine
contraire, celle qui commanderait aux hommes le respect des gouvernements les plus odieux, les ferait
retomber sous le joug du fatalisme monarchique?

MACHIAVEL.

Votre système n'a qu'un inconvénient, c'est qu'il
suppose l'infaillibilité de la raison chez les peuples;
mais n'ont-ils pas, comme les hommes, leurs passions,
leurs erreurs, leurs injustices?

MONTESQUIEU.

Quand les peuples feront des fautes, ils en seront

punis comme des hommes qui auront péché contre la loi morale.

MACHIAVEL.

Et comment?

MONTESQUIEU.

Ils en seront punis par les fléaux de la discorde, par l'anarchie, par le despotisme même. Il n'y a pas d'autre justice sur la terre, en attendant celle de Dieu.

MACHIAVEL.

Vous venez de prononcer le mot de despotisme, vous voyez qu'on y revient.

MONTESQUIEU.

Cette objection n'est pas digne de votre grand esprit, Machiavel ; je me suis prêté aux conséquences les plus extrêmes des principes que vous combattez, cela suffisait pour que la notion du vrai fût faussée. Dieu n'a accordé aux peuples ni le pouvoir, ni la volonté de changer ainsi les formes de gouvernement qui sont le mode essentiel de leur existence. Dans les sociétés politiques comme dans les êtres organisés, la nature des choses limite d'elle-même l'expansion des forces libres. Il faut que la portée de votre argument se restreigne à ce qui est acceptable pour la raison.

Vous croyez que, sous l'influence des idées modernes, les révolutions seront plus fréquentes ; elles ne le seront pas davantage, il est possible qu'elles le soient moins. Les nations, en effet, comme vous le disiez tout à l'heure, vivent actuellement par l'industrie, et ce qui vous paraît une cause de servitude est tout à la fois un principe d'ordre et de liberté. Les civilisations industrielles ont des plaies que je n'ignore point, mais il ne faut pas nier leurs bienfaits, ni dénaturer leurs tendances. Des sociétés qui vivent par le travail, par l'échange, par le crédit, sont des sociétés essentiellement chrétiennes, quoi qu'on dise, car toutes ces formes si

puissantes et si variées de l'industrie ne sont au fond
que l'application de quelques grandes idées morales
empruntées au christianisme, source de toute force
comme de toute vérité.

L'industrie joue un rôle si considérable dans le mouvement des sociétés modernes, que l'on ne peut faire,
au point de vue où vous vous placez, aucun calcul
exact sans tenir compte de son influence ; et cette
influence n'est pas du tout celle que vous avez cru
pouvoir lui assigner. La science qui cherche les rapports de la vie industrielle et les maximes qui s'en
dégagent, sont tout ce qu'il y a de plus contraire au
principe de la concentration des pouvoirs. La tendance
de l'économie politique est de ne voir dans l'organisme
politique qu'un mécanisme nécessaire, mais très-coû-
teux, dont il faut simplifier les ressorts, et elle réduit
le rôle du gouvernement à des fonctions tellement élé-
mentaires, que son plus grand inconvénient est peut-
être d'en détruire le prestige. L'industrie est l'ennemie-
née des révolutions, car sans l'ordre social elle périt
et avec elle s'arrête le mouvement vital des peuples
modernes. Elle ne peut se passer de liberté, car elle ne
vit que par des manifestations de la liberté ; et, remarquez-le bien, les libertés en matière d'industrie engen-
drent nécessairement les libertés politiques, si bien que
l'on a pu dire que les peuples les plus avancés en
industrie sont aussi les plus avancés en liberté. Laissez
là l'Inde et laissez la Chine qui vivent sous le destin
aveugle de la monarchie absolue, jetez les yeux en
Europe, et vous verrez.

Vous venez de prononcer de nouveau le mot de
despotisme, eh bien ! Machiavel, vous dont le sombre
génie s'est si profondément assimilé toutes les voies
souterraines, toutes les combinaisons occultes, tous les
artifices de lois et de gouvernement à l'aide desquels on

peut enchaîner le mouvement des bras et de la pensée chez les peuples ; vous qui méprisez les hommes, vous qui rêvez pour eux les dominations terribles de l'Orient, vous dont les doctrines politiques sont empruntées aux théories effrayantes de la mythologie indienne, veuillez me dire, je vous en conjure, comment vous vous y prendriez pour organiser le despotisme chez les peuples dont le droit public repose essentiellement sur la liberté, dont la morale et la religion développent tous les mouvements dans le même sens, chez des nations chrétiennes qui vivent par le commerce et par l'industrie, dans des Etats dont les corps politiques sont en présence de la publicité de la presse qui jette des flots de lumière dans les coins les plus obscurs du pouvoir ; faites appel à toutes les ressources de votre puissante imagination, cherchez, inventez, et si vous résolvez ce problème, je déclarerai avec vous que l'esprit moderne est vaincu.

MACHIAVEL.

Prenez garde; vous me donnez beau jeu, je pourrais vous prendre au mot.

MONTESQUIEU.

Faites-le, je vous en conjure.

MACHIAVEL.

Je compte bien n'y pas manquer.

MONTESQUIEU.

Dans quelques heures nous serons peut-être séparés. Ces parages ne vous sont point connus, suivez-moi dans les détours que je vais faire avec vous le long de ce sombre sentier, nous pourrons éviter encore quelques heures le reflux des ombres que vous voyez là-bas.

SEPTIEME DIALOGUE.

MACHIAVEL.

Nous pouvons nous arrêter ici.

MONTESQUIEU.

Je vous écoute.

MACHIAVEL.

Je dois vous dire d'abord que vous vous êtes trompé du tout au tout sur l'application de mes principes. Le despotisme se présente toujours à vos yeux avec les formes caduques du monarchisme oriental, mais ce n'est pas ainsi que je l'entends; avec des sociétés nouvelles, il faut employer des procédés nouveaux. Il ne s'agit pas aujourd'hui, pour gouverner, de commettre des iniquités violentes, de décapiter ses ennemis, de dépouiller ses sujets de leurs biens, de prodiguer les supplices; non, la mort, la spoliation et les tourments physiques ne peuvent jouer qu'un rôle assez secondaire dans la politique intérieure des Etats modernes.

MONTESQUIEU.

C'est heureux.

MACHIAVEL.

Sans doute j'ai peu d'admiration, je l'avoue, pour vos civilisations *à cylindres et à tuyaux;* mais je marche, croyez-le bien, avec le siècle; la puissance des doctrines auxquelles est attaché mon nom, c'est qu'elles s'accommodent à tous les temps et à toutes les situations. Machiavel aujourd'hui *a des petits-fils* qui savent le prix de ses leçons. On me croit bien vieux, et tous les jours je rajeunis sur la terre.

MONTESQUIEU.

Vous raillez-vous?

MACHIAVEL.

Ecoutez-moi et vous en jugerez. Il s'agit moins aujourd'hui de violenter les hommes que de les désarmer, de comprimer leurs passions politiques que de *les effacer*, de combattre leurs instincts que de les tromper, de proscrire leurs idées que de leur donner le change en se les appropriant.

MONTESQUIEU.

Et comment cela? Car je n'entends pas ce langage.

MACHIAVEL.

Permettez; c'est là la partie morale de la politique, nous arriverons tout à l'heure aux applications. Le principal secret du gouvernement consiste à affaiblir l'esprit public, au point de le désintéresser complètement des idées et des principes avec lesquels on fait aujourd'hui les révolutions. Dans tous les temps, les peuples comme les hommes se sont payés de mots. Les apparences leur suffisent presque toujours; ils n'en demandent pas plus. On peut donc établir des institutions factices qui répondent à un langage et à des idées également factices; il faut avoir le talent de ravir aux partis *cette phraséologie libérale,* dont ils s'arment contre le gouvernement. Il faut en saturer les peuples jusqu'à la lassitude, jusqu'au dégoût. On parle souvent aujourd'hui de la puissance de l'opinion, je vous montrerai qu'on lui fait exprimer ce qu'on veut quand on connaît bien les ressorts cachés du pouvoir. Mais avant de songer à la diriger, il faut l'étourdir, la frapper d'incertitude par d'étonnantes contradictions, opérer sur elle d'incessantes diversions, l'éblouir par toutes sortes de mouvements divers, l'égarer insensiblement dans ses voies. Un des grands secrets du jour est de savoir s'emparer des préjugés et des passions popu-

laires, de manière à introduire une confusion de principes qui rende toute entente impossible entre ceux qui
parlent la même langue et ont les mêmes intérêts.

MONTESQUIEU.

Où allez-vous avec ces paroles dont l'obscurité a
quelque chose de sinistre?

MACHIAVEL.

Si le sage Montesquieu entend mettre du sentiment
à la place de la politique, je dois peut-être m'arrêter
ici; je n'ai pas prétendu me placer sur le terrain de la
morale. Vous m'avez défié d'arrêter le mouvement dans
vos sociétés sans cesse tourmentées par l'esprit d'anarchie et de révolte. Voulez-vous me laisser dire comment
je résoudrais le problème? Vous pouvez mettre à l'abri
vos scrupules en acceptant cette thèse comme une question de curiosité pure.

MONTESQUIEU.

Soit.

MACHIAVEL.

Je conçois, d'ailleurs, que vous me demandiez des
indications plus précises, j'y arriverai; mais laissez-
moi vous dire d'abord à quelles conditions essentielles
le prince peut espérer aujourd'hui de consolider son
pouvoir. Il devra s'attacher avant tout à détruire les
partis, à dissoudre les forces collectives partout où elles
existent, à paralyser dans toutes ses manifestations
l'initiative individuelle; ensuite le niveau des caractères descendra de lui-même, et tous les bras molli-
ront bientôt contre la servitude. Le pouvoir absolu ne
sera plus un accident, il deviendra un besoin. Ces préceptes politiques ne sont pas entièrement nouveaux,
mais, comme je vous le disais, ce sont les procédés qui
doivent l'être. Un grand nombre de ces résultats peut
s'obtenir par de simples règlements de police et d'administration. Dans vos sociétés si belles, si bien ordon-

nées, à la place des monarques absolus, vous avez mis
un monstre qui s'appelle l'Etat, nouveau Briarée
dont les bras s'étendent partout, organisme colossal de
tyrannie à l'ombre duquel le despotisme renaîtra toujours. Eh bien! sous l'invocation de l'Etat, rien ne sera
plus facile que de consommer l'œuvre occulte dont je
vous parlais tout à l'heure, et les moyens d'action les
plus puissants peut-être seront précisément ceux que
l'on aura le talent d'emprunter à ce même régime
industriel qui fait votre admiration.

A l'aide du seul pouvoir réglementaire, j'institue-
rais, par exemple, d'immenses monopoles financiers,
réservoirs de la fortune publique, dont dépendrait si
étroitement le sort de toutes les fortunes privées,
qu'elles s'engloutiraient avec le crédit de l'Etat le
lendemain de toute catastrophe politique. Vous êtes un
économiste, Montesquieu, pesez la valeur de cette combinaison.

Chef du gouvernement, tous mes édits, toutes mes
ordonnances tendraient constamment au même but :
annihiler les forces collectives et individuelles ; développer démesurément la prépondérance de l'Etat, en
faire le souverain protecteur, promoteur et rémuné-
rateur.

Voici une autre combinaison empruntée à l'ordre
industriel : Dans le temps actuel, l'aristocratie, en tant
que force publique, a disparu; mais la bourgeoisie
territoriale est encore un élément de résistance dangereux pour les gouvernements, parce qu'elle est d'elle-
même indépendante ; il peut être nécessaire de l'appauvrir ou même de la ruiner complétement. Il suffit, pour
cela, d'aggraver les charges qui pèsent sur la propriété
foncière, de maintenir l'agriculture dans un état d'in-
fériorité relative, de favoriser à outrance le commerce
et l'industrie, mais principalement la spéculation; car

la trop grande prospérité de l'industrie peut elle-même devenir un danger, en créant un nombre trop considérable de fortunes indépendantes.

On réagira utilement contre les grands industriels, contre les fabricants, par l'excitation à un luxe disproportionné, par l'élévation du taux des salaires, par des atteintes profondes habilement portées aux sources de la *production*. Je n'ai pas besoin de développer ces idées, vous sentez à merveille dans quelles circonstances et sous quels prétextes tout cela peut se faire. L'intérêt du peuple, et même une sorte de zèle pour la liberté, pour les grands principes économiques, couvriront aisément, si on le veut, le véritable but. Il est inutile d'ajouter que l'entretien perpétuel d'une armée formidable sans cesse exercée par des guerres extérieures, doit être le complément indispensable de ce système; il faut arriver à ce qu'il n'y ait plus, dans l'Etat, que des prolétaires, quelques millionnaires et des soldats.

MONTESQUIEU.

Continuez.

MACHIAVEL.

Voilà pour la politique intérieure de l'Etat. A l'extérieur il faut exciter, d'un bout de l'Europe à l'autre, la fermentation révolutionnaire que l'on comprime chez soi. Il en résulte deux avantages considérables : l'agitation libérale au dehors fait passer sur la compression du dedans. De plus, on tient par là en respect toutes les puissances, chez lesquelles on peut à son gré faire de l'ordre ou du désordre. Le grand point est d'enchevêtrer par des intrigues de cabinet tous les fils de la politique européenne, de façon à jouer tour à tour les puissances avec qui l'on traite. Ne croyez pas que cette duplicité, si elle est bien soutenue, puisse tourner au détriment d'un souverain. Alexandre VI ne fit jamais que tromper dans ses négociations diplomatiques, et cependant, il réussit toujours, tant il avait la science de l'astuce (1). Mais dans ce que vous appelez aujourd'hui *le langage officiel*, il faut un contraste frappant, et là on ne saurait affecter trop d'esprit de loyauté et de conciliation ; les peuples qui ne voient que l'apparence des choses, feront une réputation de sagesse au souverain qui saura se conduire ainsi.

A toute agitation intérieure, il doit pouvoir répondre par une guerre extérieure ; à toute révolution imminente, par une guerre générale ; mais comme, en politique, les paroles ne doivent jamais être d'accord avec les actes, il faut que, dans ces diverses conjonctures, le prince soit assez habile pour déguiser ses véritables desseins sous des desseins contraires ; il doit toujours avoir l'air de céder à la pression de l'opinion quand il exécute ce que sa main a secrètement préparé.

Pour résumer d'un mot tout le système, la révolution se trouve contenue dans l'Etat, d'un côté, par la terreur de l'anarchie, de l'autre, par la banqueroute, et, à tout prendre, par la guerre générale.

Vous avez pu voir déjà, par les indications rapides que je viens de vous donner, quel rôle important l'art de la parole est appelé à jouer dans la politique moderne. Je suis loin, comme vous le verrez, de dédaigner la presse, et je saurais au besoin me servir de la tribune ; l'essentiel est d'employer contre ses adversaires toutes les armes qu'ils pourraient employer contre vous. Non content de m'appuyer sur la force violente de la démocratie, je voudrais emprunter aux subtilités du droit leurs ressources les plus savantes. Quand on prend des décisions qui peuvent paraître injustes ou téméraires, il est essentiel de savoir les énoncer en de

(1) *Traité du Prince*, p. 114, ch. XVII.

bons termes, de les appuyer des raisons les plus élevées de la morale et du droit.

Le pouvoir que je rêve, bien loin, comme vous le voyez, d'avoir des mœurs barbares, doit attirer à lui toutes les forces et tous les talents de la civilisation au sein de laquelle il vit. Il devra s'entourer de publicistes, d'avocats, de jurisconsultes, d'hommes de pratique et d'administration, de gens qui connaissent à fond tous les secrets, tous les ressorts de la vie sociale, qui parlent tous les langages, qui aient étudié l'homme dans tous les milieux. Il faut les prendre partout, n'importe où, car ces gens-là rendent des services étonnants par les procédés ingénieux qu'ils appliquent à la politique. Il faut, avec cela, tout un monde d'économistes, de banquiers, d'industriels, de capitalistes, d'hommes à projets, d'hommes à millions, car tout au fond se résoudra par une question de chiffres.

Quant aux principales dignités, aux principaux démembrements du pouvoir, on doit s'arranger pour les donner à des hommes dont les antécédents et le caractère mettent un abîme entre eux et les autres hommes, dont chacun n'ait à attendre que la mort ou l'exil en cas de changement de gouvernement, et soit dans la nécessité de défendre jusqu'au dernier souffle tout ce qui est.

Supposez pour un instant que j'aie à ma disposition les différentes ressources morales et matérielles que je viens de vous indiquer, et donnez-moi maintenant une nation quelconque, entendez-vous! Vous regardez comme un point capital, dans l'ESPRIT DES LOIS, *de ne pas changer le caractère d'une nation* (1) quand on veut lui conserver sa vigueur originelle; eh bien! je ne vous demanderais pas vingt ans pour transformer

(1) *Esp. des Lois*, p. 252 et s., liv. XIX, ch. V.

de la manière la plus complète le caractère européen
le plus indomptable et pour le rendre aussi docile à la
tyrannie que celui du plus petit peuple de l'Asie.

MONTESQUIEU.

Vous venez d'ajouter, en vous jouant, un chapitre
au *Traité du Prince*. Quelles que soient vos doctrines,
je ne les discute pas; je ne vous fais qu'une observation. Il est évident que vous n'avez nullement tenu
l'engagement que vous aviez pris; l'emploi de tous ces
moyens suppose l'existence du pouvoir absolu, et je
vous ai demandé précisément comment vous pourriez
l'établir dans des sociétés politiques qui reposent sur
des institutions libérales.

MACHIAVEL.

Votre observation est parfaitement juste et je n'entends pas y échapper. Ce début n'était qu'une préface.

MONTESQUIEU.

Je vous mets en présence d'un Etat fondé sur des
institutions représentatives, monarchie ou république;
je vous parle d'une nation familiarisée de longue main
avec la liberté, et je vous demande comment, de là,
vous pourrez retourner au pouvoir absolu.

MACHIAVEL.

Rien n'est plus facile.

MONTESQUIEU.

Voyons ?

DEUXIEME PARTIE

—

HUITIEME DIALOGUE.

MACHIAVEL.

Je prends l'hypothèse qui m'est le plus contraire, je prends un Etat constitué en république. Avec une monarchie, le rôle que je me propose de jouer serait trop facile. Je prends une République, parce qu'avec une semblable forme de gouvernement, je vais rencontrer une résistance, presque insurmontable en apparence, dans les idées, dans les mœurs, dans les lois. Cette hypothèse vous contrarie-t-elle? J'accepte de vos mains un Etat quelle que soit sa forme, grand ou petit; je le suppose doté de toutes les institutions qui garantissent la liberté, et je vous adresse cette seule question : Croyez-vous le pouvoir à l'abri d'un coup de main ou de ce que l'on appelle aujourd'hui un coup d'Etat?

MONTESQUIEU.

Non, cela est vrai; mais vous m'accorderez du moins qu'une telle entreprise sera singulièrement difficile dans les sociétés politiques contemporaines, telles qu'elles sont organisées.

MACHIAVEL.

Et pourquoi? Ces sociétés ne sont-elles pas, comme de tout temps, en proie à des factions? N'y a-t-il pas

6

partout des éléments de guerre civile, des partis, des prétendants ?

MONTESQUIEU.

C'est possible ; mais je crois pouvoir vous faire sentir d'un mot où est votre erreur. Ces usurpations, nécessairement très-rares parce qu'elles sont pleines de périls et qu'elles répugnent aux mœurs modernes, en supposant qu'elles réussissent, n'auraient nullement l'importance que vous paraissez leur attribuer. Un changement de pouvoir n'amènerait pas un changement d'institutions. Un prétendant troublerait l'Etat, soit : son parti triomphera, je l'admets ; le pouvoir est en d'autres mains, voilà tout ; mais le droit public et le fond même des institutions restent d'aplomb. C'est là ce qui me touche.

MACHIAVEL.

Est-il vrai que vous ayez une telle illusion ?

MONTESQUIEU.

Etablissez le contraire.

MACHIAVEL.

Vous m'accordez donc, pour un moment, le succès d'une entreprise armée contre le pouvoir établi ?

MONTESQUIEU.

Oui.

MACHIAVEL.

Remarquez bien alors dans quelle situation je me trouve placé. J'ai supprimé momentanément tout pouvoir autre que le mien. Si les institutions encore debout peuvent élever devant moi quelque obstacle, c'est de pure forme ; en fait, les actes de ma volonté ne peuvent rencontrer aucune résistance réelle ; enfin je suis dans cette condition extra-légale que les Romains appelaient d'un mot si beau et si puissamment énergique : *la dictature.* C'est-à-dire que je puis tout ce que je veux à l'heure présente, que je suis législateur, exécuteur, justicier, et à cheval comme chef d'armée.

Retenez ceci. Maintenant j'ai triomphé par l'appui d'une faction, c'est-à-dire que cet événement n'a pu s'accomplir qu'au milieu d'une profonde dissension intérieure. On peut dire au hasard, mais sans se tromper, quelles en sont les causes. Ce sera un antagonisme entre l'aristocratie et le peuple ou entre le peuple et la bourgeoisie. Pour le fond des choses, ce ne peut être que cela; à la surface, ce sera un pêle-mêle d'idées, d'opinions, d'influences et de courants contraires, comme dans tous les Etats où la liberté aura été un moment déchaînée. Il y aura là des éléments politiques de toute espèce, des tronçons de partis autrefois victorieux, aujourd'hui vaincus, des ambitions effrénées, des convoitises ardentes, des haines implacables, des terreurs partout, des hommes de toute opinion et de toute doctrine, des restaurateurs d'anciens régimes, des démagogues, des anarchistes, des utopistes, tous à l'œuvre, tous travaillant également de leur côté au renversement de l'ordre établi. Que faut-il conclure d'une telle situation? Deux choses : la première, c'est que le pays a un grand besoin de repos et qu'il ne refusera rien à qui pourra le lui donner; la seconde, c'est qu'au milieu de cette division des partis, il n'y a point de force réelle, ou plutôt qu'il n'y en a qu'une, le peuple.

Je suis, moi, un prétendant victorieux; je porte, je suppose, un grand nom historique propre à agir sur l'imagination des masses. Comme Pisistrate, comme César, comme Néron même, je m'appuierai sur le peuple : c'est *l'a b c* de tout usurpateur. C'est là la puissance aveugle qui donnera le moyen de tout faire impunément, c'est là l'autorité, c'est là le nom qui couvrira tout. Le peuple, en effet, se soucie bien de vos fictions légales et de vos garanties constitutionnelles !

J'ai fait le silence au milieu des factions, et maintenant vous allez voir comme je vais marcher.

Peut-être vous rappelez-vous les règles que j'ai établies dans le *Traité du Prince* pour conserver les provinces conquises. L'usurpateur d'un Etat est dans une situation analogue à celle d'un conquérant. Il est condamné à tout renouveler, à dissoudre l'Etat, à détruire la cité, à changer la face des mœurs.

C'est là le but, mais dans les temps actuels il n'y faut tendre que par des voies obliques, des moyens détournés, des combinaisons habiles, et, autant que possible, exemptes de violence. Je ne détruirai donc pas directement les institutions, mais je les toucherai une à une par un trait de main inaperçu qui en dérangera le mécanisme. Ainsi je toucherai tour à tour à l'organisation judiciaire, au suffrage, à la presse, à la liberté individuelle, à l'enseignement.

Par-dessus les lois primitives, je ferai passer toute une législation nouvelle qui, sans abroger expressément l'ancienne, la masquera d'abord, puis bientôt l'effacera complétement. Telles sont mes conceptions générales ; maintenant vous allez voir les détails d'exécution.

MONTESQUIEU.

Que n'êtes-vous encore dans les jardins de Ruccellaï, ô Machiavel ! pour professer ces belles leçons, et combien il est regrettable que la postérité ne puisse pas vous entendre !

MACHIAVEL.

Rassurez-vous ; pour qui sait lire, tout cela est dans le *Traité du Prince.*

MONTESQUIEU.

Eh bien ! vous êtes au lendemain de votre coup d'Etat ; qu'allez-vous faire ?

MACHIAVEL.

Une grande chose, puis une très-petite.

MONTESQUIEU.

Voyons d'abord la grande ?

MACHIAVEL.

Après le succès d'un coup de force contre le pouvoir établi, tout n'est pas fini, et les partis ne se tiennent généralement pas pour battus. On ne sait pas encore au juste ce que vaut l'énergie de l'usurpateur, on va l'essayer ; on va se lever contre lui les armes à la main. Le moment est venu d'imprimer une terreur qui frappe la cité entière et fasse défaillir les âmes les plus intrépides.

MONTESQUIEU.

Qu'allez-vous faire ? Vous m'aviez dit que vous aviez répudié le sang.

MACHIAVEL.

Il ne s'agit pas ici de fausse humanité. La société est menacée, elle est en état de légitime défense ; l'excès des rigueurs et même de la cruauté préviendra pour l'avenir de nouvelles effusions de sang. Ne me demandez pas ce que l'on fera ; il faut que les âmes soient terrifiées une fois pour toutes et que la peur les détrempe.

MONTESQUIEU.

Oui, je me rappelle ; c'est là ce que vous enseignez dans le *Traité du Prince* en racontant la sinistre exécution de Borgia dans Césène (1). Vous êtes bien le même.

MACHIAVEL.

Non, non, vous le verrez plus tard ; je n'agis ainsi que par nécessité, et j'en souffre.

MONTESQUIEU.

Mais qui donc le versera, ce sang ?

MACHIAVEL.

L'armée ! cette grande justicière des États ; elle dont

(1) *Traité du Prince*, p. 47, ch. VII.

la main ne déshonore jamais ses victimes. Deux résultats de la plus grande importance seront atteints par
l'intervention de l'armée dans la répression. A partir
de ce moment, d'une part elle se trouvera pour toujours en hostilité avec la population civile qu'elle aura
châtiée sans ménagement; de l'autre, elle se rattachera
d'une manière indissoluble au sort de son chef.

MONTESQUIEU.

Et vous croyez que ce sang ne retombera pas sur
vous?

MACHIAVEL.

Non, car aux yeux du peuple, le souverain, en définitive, est étranger aux excès d'une soldatesque qu'il
n'est pas toujours facile de contenir. Ceux qui pourront en être responsables, ce seront les généraux, les
ministres qui auront exécuté mes ordres. Ceux-là, je
vous l'affirme, me seront dévoués jusqu'à leur dernier
soupir, car ils savent bien ce qui les attendrait après
moi.

MONTESQUIEU.

C'est donc là votre premier acte de souveraineté!
Voyons maintenant le second?

MACHIAVEL.

Je ne sais si vous avez remarqué quelle est, en politique, la puissance des petits moyens. Après ce que je
viens de vous dire, je ferai frapper à mon effigie toute
la nouvelle monnaie, dont j'émettrai un quantité considérable.

MONTESQUIEU.

Mais au milieu des premiers soucis de l'Etat, ce
serait une mesure puérile.

MACHIAVEL.

Vous croyez cela? Vous n'avez pas pratiqué le pouvoir. L'effigie humaine imprimée sur la monnaie, c'est
le signe même de la puissance. Au premier abord il y

aura des esprits orgueilleux qui en tressailliront de
colère, mais on s'y habituera ; les ennemis même de
mon pouvoir seront obligés d'avoir mon portrait dans
leur escarcelle. Il est bien certain que l'on s'habitue
peu à peu à regarder avec des yeux plus doux les traits
qui sont partout imprimés sur le signe matériel de nos
jouissances. Du jour où mon effigie est sur la monnaie,
je suis roi.

MONTESQUIEU.

J'avoue que cet aperçu est nouveau pour moi ; mais
passons. Vous n'avez pas oublié que les peuples nouveaux ont la faiblesse de se donner des constitutions
qui sont les garanties de leurs droits ? Avec votre pouvoir issu de la force, avec les projets que vous me révé-
lez, vous allez peut-être vous trouver embarrassé en
présence d'une charte fondamentale dont tous les principes, toutes les règles, toutes les dispositions sont contraires à vos maximes de gouvernement.

MACHIAVEL.

Je ferai une autre constitution, voilà tout.

MONTESQUIEU.

Et vous pensez que cela ne sera pas autrement difficile ?

MACHIAVEL.

Où serait la difficulté ? Il n'y a pas, pour le moment, d'autre volonté, d'autre force que la mienne, e
j'ai pour base d'action l'élément populaire.

MONTESQUIEU.

C'est vrai. J'ai pourtant un scrupule : d'après ce que
vous venez de me dire, j'imagine que votre constitution
ne sera pas un monument de liberté. Vous pensez qu'il
suffira d'une seule crise de la force, d'une seule
violence heureuse pour ravir à une nation tous ses
droits, toutes ses conquêtes, toutes ses institutions, tous
les principes avec lesquels elle a pris l'habitude de vivre ?

MACHIAVEL.

Permettez ! Je ne vais pas si vite. Je vous disais, il y a peu d'instants, que les peuples étaient comme les hommes, qu'ils tenaient plus aux apparences qu'à la réalité des choses ; c'est là, en politique, une règle dont je suivrais scrupuleusement les indications ; veuillez me rappelez les principes auxquels vous tenez le plus, et vous verrez que je n'en suis pas aussi embarrassé que vous paraissez le croire.

MONTESQUIEU.

Qu'allez-vous en faire, ô Machiavel?

MACHIAVEL.

Ne craignez rien, nommez-les-moi.

MONTESQUIEU.

Je ne m'y fie point, je vous l'avoue.

MACHIAVEL.

Eh bien ! je vous les rappellerai moi-même. Vous ne manqueriez sans doute pas de me parler du principe de la séparation des pouvoirs, de la liberté de la parole et de la presse, de la liberté religieuse, de la liberté individuelle, du droit d'association, de l'égalité devant la loi, de l'inviolabilité de la propriété et du domicile, du droit de pétition, du libre consentement de l'impôt, de la proportionnalité des peines, de la non rétroactivité des lois ; en est-ce assez et en souhaitez-vous encore?

MONTESQUIEU.

Je crois que c'est beaucoup plus qu'il n'en faut, Machiavel, pour mettre votre gouvernement mal à l'aise.

MACHIAVEL.

C'est là ce qui vous trompe, et cela est si vrai, que je ne vois nul inconvénient à proclamer ces principes ; j'en ferai même, si vous le voulez, le préambule de ma constitution.

MONTESQUIEU.

Vous m'avez déjà prouvé que vous étiez un grand magicien.

MACHIAVEL.

Il n'y a point de magie là-dedans, il n'y a que du savoir-faire politique.

MONTESQUIEU.

Mais comment, ayant inscrit ces principes en tête de votre constitution, vous y prendrez-vous pour ne pas les appliquer ?

MACHIAVEL.

Ah ! prenez garde, je vous ai dit que je proclamerais ces principes, mais je ne vous ai pas dit que je les inscrirais ni même que je les désignerais expressément.

MONTESQUIEU.

Comment l'entendez-vous ?

MACHIAVEL.

Je n'entrerais dans aucune récapitulation ; je me bornerais à déclarer au peuple que je reconnais et que je confirme les grands principes du droit moderne.

MONTESQUIEU.

La portée de cette réticence m'échappe.

MACHIAVEL.

Vous allez reconnaître combien elle est importante. Si j'énumérais expressément ces droits, ma liberté d'action serait enchaînée vis-à-vis de ceux que j'aurais déclarés ; c'est ce que je ne veux pas. En ne les nommant point, je parais les accorder tous et je n'en accorde spécialement aucun ; cela me permettra plus tard d'écarter, par voie d'exception, ceux que je jugerai dangereux.

MONTESQUIEU.

Je comprends.

MACHIAVEL.

Parmi ces principes, d'ailleurs, les uns appartiennent

au droit politique et constitutionnel proprement dit, les autres au droit civil. C'est là une distinction qui doit toujours servir de règle dans l'exercice du pouvoir absolu. C'est à leurs droits civils que les peuples tiennent le plus ; je n'y toucherai pas, si je puis, et, de cette manière, une partie de mon programme au moins se trouvera remplie.

MONTESQUIEU.

Et quant aux droits politiques ?...

MACHIAVEL.

J'ai écrit dans le *Traité du Prince* la maxime que voici, et qui n'a pas cessé d'être vraie : « Les gou- « vernés seront toujours contents du prince, lorsqu'il « ne touchera ni à leurs biens, ni à leur honneur, et dès « lors il n'a plus à combattre que les prétentions d'un « petit nombre de mécontents, dont il vient facilement « à bout. » Ma réponse à votre question est là.

MONTESQUIEU.

On pourrait, à la rigueur, ne pas la trouver suffisante ; on pourrait vous répondre que les droits politiques aussi sont des biens ; qu'il importe aussi à l'honneur des peuples de les maintenir, et qu'en y touchant vous portez en réalité atteinte à leurs biens comme à leur honneur. On pourrait ajouter encore que le maintien des droits civils est lié au maintien des droits politiques par une étroite solidarité. Qui garantira les citoyens que si vous les dépouillez aujourd'hui de la liberté politique, vous ne les dépouillerez pas demain de la liberté individuelle ; que si vous attentez aujourd'hui à leur liberté, vous n'attenterez pas demain à leur fortune ?

MACHIAVEL.

Il est certain que l'argument est présenté avec beaucoup de vivacité, mais je crois que vous en comprenez parfaitement aussi l'exagération. Vous semblez toujours

croire que les peuples modernes sont affamés de liberté.
Avez-vous prévu le cas où ils n'en veulent plus, et
pouvez-vous demander aux princes d'avoir pour elle
plus de passion que n'en ont les peuples? Or, dans vos
sociétés si profondément relâchées, où l'individu ne vit
plus que dans la sphère de son égoïsme et de ses intérêts matériels, interrogez le plus grand nombre, et vous
verrez si, de tous côtés, on ne vous répond pas : Que
me fait la politique? que m'importe la liberté? Est-ce
que tous les gouvernements ne sont pas les mêmes?
est-ce qu'un gouvernement ne doit pas se défendre?

Remarquez-le bien, d'ailleurs, ce n'est même pas le
peuple qui tiendra ce langage; ce seront les bourgeois,
les industriels, les gens instruits, les riches, les lettrés,
tous ceux qui sont en état d'apprécier vos belles doctrines de droit public. Ils me béniront, ils s'écrieront
que je les ai sauvés, qu'ils sont en état de minorité,
qu'ils sont incapables de se conduire. Tenez, les nations
ont je ne sais quel secret amour pour les vigoureux
génies de la force. A tous les actes violents marqués du
talent de l'artifice, vous entendrez dire avec une admiration qui surmontera le blâme : Ce n'est pas bien, soit,
mais c'est habile, c'est bien joué, c'est fort!

MONTESQUIEU.

Vous allez donc rentrer dans la partie profession-
nelle de vos doctrines?

MACHIAVEL.

Non pas, nous en sommes à l'exécution. J'aurais
certainement fait quelques pas de plus si vous ne m'a-
viez obligé à une digression. Reprenons.

NEUVIEME DIALOGUE.

MONTESQUIEU.

Vous en étiez au lendemain d'une constitution faite par vous sans l'assentiment de la nation.

MACHIAVEL.

Ici je vous arrête ; je n'ai jamais prétendu froisser à ce point des idées reçues dont je connais l'empire.

MONTESQUIEU.

Vraiment !

MACHIAVEL.

Je parle très-sérieusement.

MONTESQUIEU.

Vous comptez donc associer la nation *au nouvel œuvre fondamental* que vous préparez ?

MACHIAVEL.

Oui, sans doute. Cela vous étonne ? Je ferai bien mieux : je ferai d'abord ratifier par le vote populaire le coup de force que j'ai accompli contre l'Etat ; je dirai au peuple, dans les termes qui conviendront : Tout marchait mal ; j'ai tout brisé, je vous ai sauvé, voulez-vous de moi ? vous êtes libre de me condamner ou de m'absoudre par votre vote.

MONTESQUIEU.

Libre sous le poids de la terreur et de la force armée.

MACHIAVEL.

On m'acclamera.

MONTESQUIEU.

Je le crois.

MACHIAVEL.

Et le vote populaire, dont j'ai fait l'instrument de

mon pouvoir, deviendra la base même de mon gouvernement. J'établirai un suffrage sans distinction de classe ni de cens, avec lequel l'absolutisme sera organisé d'un seul coup.

MONTESQUIEU.

Oui, car d'un seul coup vous brisez en même temps l'unité de la famille, vous dépréciez le suffrage, vous annulez la prépondérance des lumières et vous faites du nombre une puissance aveugle qui se dirige à votre gré.

MACHIAVEL.

Je réalise un progrès auquel aspirent ardemment aujourd'hui tous les peuples de l'Europe : j'organise le suffrage universel comme Washington aux Etats-Unis, et le premier usage que j'en fais est de lui soumettre ma constitution.

MONTESQUIEU.

Quoi ! vous allez la faire discuter dans des assemblées primaires ou secondaires ?

MACHIAVEL.

Oh ! laissons là, je vous prie, vos idées du XVIIIe siècle ; elles ne sont déjà plus du temps présent.

MONTESQUIEU.

Eh bien! de quelle manière alors ferez-vous délibérer sur l'acceptation de votre constitution ? comment les articles organiques en seront-ils discutés?

MACHIAVEL.

Mais je n'entends pas qu'ils soient discutés du tout, je croyais vous l'avoir dit.

MONTESQUIEU.

Je n'ai fait que vous suivre sur le terrain des principes qu'il vous a plu de choisir. Vous m'avez parlé des Etats-Unis d'Amérique ; je ne sais pas si vous êtes un nouveau Washington, mais ce qu'il y a de certain, c'est que la constitution actuelle des Etats-Unis a été discutée, délibérée et votée par les représentants de la nation.

MACHIAVEL.

De grâce, ne confondons pas les temps, les lieux et les peuples : nous sommes en Europe ; ma constitution est présentée en bloc, elle est acceptée en bloc.

MONTESQUIEU.

Mais en agissant ainsi vous ne déguisez rien pour personne. Comment, en votant dans ces conditions, le peuple peut-il savoir ce qu'il fait et jusqu'à quel point il s'engage ?

MACHIAVEL.

Et où avez-vous jamais vu qu'une constitution vraiment digne de ce nom, vraiment durable, ait jamais été le résultat d'une délibération populaire ? Une constitution doit sortir tout armée de la tête d'un seul homme, ou ce n'est qu'une œuvre condamnée au néant. Sans homogénéité, sans liaison dans ses parties, sans force pratique, elle portera nécessairement l'empreinte de toutes les faiblesses de vues qui ont présidé à sa rédaction.

Une constitution, encore une fois, ne peut être que l'œuvre d'un seul ; jamais les choses ne se sont passées autrement, j'en atteste l'histoire de tous les fondateurs d'empire, l'exemple des Sésostris, des Solon, des Lycurgue, des Charlemagne, des Frédéric II, des Pierre Ier.

MONTESQUIEU.

C'est un chapitre d'un de vos disciples que vous allez me développer là.

MACHIAVEL.

Et de qui donc ?

MONTESQUIEU.

De Joseph de Maistre. Il y a là des considérations générales qui ne sont pas sans vérité, mais que je trouve sans application. On dirait, à vous entendre, que vous allez tirer un peuple du chaos ou de la nuit profónde de ses premières origines. Vous ne paraissez pas vous souvenir que, dans l'hypothèse où nous nous plaçons, la nation a atteint l'apogée de la civilisation, que son droit public est fondé, et qu'elle est en possession d'institutions régulières.

MACHIAVEL.

Je ne dis pas non ; aussi vous allez voir que je n'ai pas besoin de détruire de fond en comble vos institutions pour arriver à mon but. Il me suffira d'en modifier l'économie et d'en changer les combinaisons.

MONTESQUIEU.

Expliquez-vous.

MACHIAVEL.

Vous m'avez fait tout à l'heure un cours de politique constitutionnelle, je compte le mettre à profit. Je ne suis, d'ailleurs, pas aussi étranger qu'on le croit généralement en Europe à toutes ces idées de bascule politique : vous avez pu vous en apercevoir par mes discours sur Tite-Live. Mais revenons au fait. Vous remarquiez avec raison, il y a un instant, que dans les Etats parlementaires de l'Europe les pouvoirs publics étaient distribués à peu près partout de la même manière entre un certain nombre de corps politiques dont le jeu régulier constituait le gouvernement.

Ainsi on retrouve partout, sous des noms divers, mais avec des attributions à peu près uniformes, une organisation ministérielle, un sénat, un corps législatif, un conseil d'Etat, une cour de cassation ; je dois vous faire grâce de tout développement inutile sur le mécanisme respectif de ces pouvoirs, dont vous connaissez mieux que moi le secret ; il est évident que chacun d'eux répond à une fonction essentielle du gouvernement. Vous remarquerez bien que c'est la fonction que j'appelle essentielle, ce n'est pas l'institution. Ainsi il faut qu'il y ait un pouvoir dirigeant, un pouvoir modérateur, un pouvoir législatif, un pouvoir réglementaire, cela ne fait pas de doute.

MONTESQUIEU.

Mais, si je vous comprends bien, ces divers pouvoirs n'en font qu'un à vos yeux, et vous allez donner tout cela à un seul homme en supprimant les institutions.

MACHIAVEL.

Encore une fois, c'est ce qui vous trompe. On ne pourrait pas agir ainsi sans danger. On ne le pourrait pas chez vous surtout, avec le fanatisme qui y règne pour ce que vous appelez les principes de 89 ; mais veuillez bien m'écouter : En statique, le déplacement d'un point d'appui fait changer la direction de la force ; en mécanique, le déplacement d'un ressort fait changer le mouvement. En apparence pourtant, c'est le même appareil, c'est le même mécanisme. De même encore en physiologie, le tempérament dépend de l'état des organes. Si les organes sont modifiés, le tempérament change. Eh bien ! les diverses institutions dont nous venons de parler fonctionnent dans l'économie gouvernementale comme de véritables organes dans le corps humain. Je toucherai aux organes, les organes resteront, mais la complexion politique de l'Etat sera changée. Concevez-vous ?

MONTESQUIEU.

Ce n'est pas difficile, et il ne fallait point de périphrases. Vous gardez les noms, vous ôtez les choses. C'est ce qu'Auguste fit à Rome quand il détruisit la République. Il y avait toujours un consulat, une préture, une censure, un tribunat ; mais il n'y avait plus ni consuls, ni préteurs, ni censeurs, ni tribuns.

MACHIAVEL.

Avouez qu'on peut choisir de plus mauvais modèles. Tout se peut faire en politique, à la condition de flatter les préjugés publics et de garder du respect pour les apparences.

MONTESQUIEU.

Ne rentrez pas dans les généralités; vous voilà à l'œuvre, je vous suis.

MACHIAVEL.

N'oubliez pas à quelles convictions personnelles chacun de mes actes va prendre sa source. A mes yeux vos gouvernements parlementaires ne sont que des écoles de dispute, que des foyers d'agitations stériles au milieu desquels s'épuise l'activité féconde des nations que la tribune et la presse condamnent à l'impuissance. En conséquence, je n'ai pas de remords ; je pars d'un point de vue élevé et mon but justifie mes actes.

A des théories abstraites je substitue la raison pratique, l'expérience des siècles, l'exemple des hommes de génie qui ont fait de grandes choses par les mêmes moyens ; je commence par rendre au pouvoir ses conditions vitales.

Ma première réforme s'appesantit immédiatement sur votre prétendue responsabilité ministérielle. Dans les pays de centralisation, comme le vôtre, par exemple, où l'opinion, par un sentiment instinctif, rapporte tout au chef de l'Etat, le bien comme le mal, inscrire en tête d'une charte que le souverain est irresponsable, c'est mentir au sentiment public, c'est établir une fiction qui s'évanouira toujours au bruit des révolutions.

Je commence donc par rayer de ma constitution le principe de la responsabilité ministérielle ; le souverain que j'institue sera seul responsable devant le peuple.

MONTESQUIEU.

A la bonne heure, il n'y a pas là d'ambages.

MACHIAVEL.

Dans votre système parlementaire, les représentants

de la nation ont, comme vous me l'expliquiez, l'initiative des projets de loi, seuls ou concurremment avec le pouvoir exécutif; eh bien ! c'est la source des plus graves abus, car dans un pareil ordre de choses, chaque député peut, à tout propos, se substituer au gouvernement en présentant les projets de lois les moins étudiés, les moins approfondis; que dis-je? avec l'initiative parlementaire, la Chambre renversera, quand elle voudra, le gouvernement. Je raie l'initiative parlementaire. La proposition des lois n'appartiendra qu'au souverain..

MONTESQUIEU.

Je vois que vous entrez par la meilleure voie dans la carrière du pouvoir absolu ; car dans un Etat où l'initiative des lois n'appartient qu'au souverain, c'est à peu près le souverain qui est le seul législateur ; mais avant que vous n'alliez plus loin, je désirerais vous faire une objection. Vous voulez vous affermir sur le roc, et je vous trouve assis sur le sable.

MACHIAVEL.

Comment?

MONTESQUIEU.

N'avez-vous pas pris le suffrage populaire pour base de votre pouvoir?

MACHIAVEL.

Sans doute.

MONTESQUIEU.

Eh bien ! vous n'êtes qu'un mandataire révocable au gré du peuple, en qui seul réside la véritable souveraineté. Vous avez cru pouvoir faire servir ce principe au maintien de votre autorité, vous ne vous apercevez donc pas qu'on vous renversera quand on voudra? D'autre part, vous vous êtes déclaré seul responsable ; vous comptez donc être un ange? Mais soyez-le si vous voulez, on ne s'en prendra pas moins à vous de tout le mal qui pourra arriver, et vous périrez à la première crise.

MACHIAVEL.

Vous anticipez : l'objection vient trop tôt, mais j'y réponds de suite, puisque vous m'y forcez. Vous vous trompez étrangement si vous croyez que je n'ai pas prévu l'argument. Si mon pouvoir était troublé, ce ne pourrait être que par des factions. Je suis gardé contre elles par deux droits essentiels que j'ai mis dans ma constitution.

MONTESQUIEU.

Quels sont donc ces droits ?

MACHIAVEL.

L'appel au peuple, le droit de mettre le pays en état de siége ; je suis chef d'armée, j'ai toute la force publique entre les mains ; à la première insurrection contre mon pouvoir, les baïonnettes me feraient raison de la résistance et je retrouverais dans l'urne pupulaire une nouvelle consécration de mon autorité.

MONTESQUIEU.

Vous avez des arguments sans réplique ; mais revenons, je vous prie, au Corps législatif que vous avez installé ; sur ce point, je ne vous vois pas hors d'embarras ; vous avez privé cette assemblée de l'initiative parlementaire, mais il lui reste le droit de voter les lois que vous présenterez à son adoption. Vous ne comptez sans doute pas le lui laisser exercer ?

MACHIAVEL.

Vous êtes plus ombrageux que moi, car je vous avoue que je ne vois à cela aucun inconvénient. Nul autre que moi-même ne pouvant présenter la loi, je n'ai pas à craindre qu'il s'en fasse aucune contre mon pouvoir. J'ai la clef du tabernacle. Ainsi que je vous l'ai dit d'ailleurs, il entre dans mes plans de laisser subsister en apparence les institutions. Seulement je dois vous

déclarer que je n'entends pas laisser à la chambre
ce que vous appelez le droit d'amendement. Il est évident qu'avec l'exercice d'une telle faculté, il n'est pas
de loi qui ne pût être déviée de son but primitif
et dont l'économie ne fût susceptible d'être changée.
La loi est acceptée ou rejetée : il n'y a pas d'autre
alternative.

MONTESQUIEU.

Mais il n'en faudrait pas davantage pour vous renverser : il suffirait pour cela que l'assemblée législative
repoussât systématiquement tous vos projets de loi ou
seulement qu'elle refusât de voter l'impôt.

MACHIAVEL.

Vous savez parfaitement que les choses ne peuvent
se passer ainsi. Une chambre, quelle qu'elle soit, qui
entraverait par un tel acte de témérité le mouvement
des affaires publiques se suiciderait elle-même. J'aurais
mille moyens d'ailleurs de neutraliser le pouvoir d'une
telle assemblée. Je réduirais de moitié le nombre des
représentants, et j'aurais, par suite, moitié moins de
passions politiques à combattre. Je me réserverais la
nomination des présidents et des vice-présidents qui di-
rigent les délibérations. Au lieu de sessions perma-
nentes, je réduirais à quelques mois la tenue de l'assemblée. Je ferais surtout une chose qui est d'une très-
grande importance, et dont la pratique commence déjà
à s'introduire, m'a-t-on dit : j'abolirais la gratuité du
mandat législatif ; je voudrais que les députés reçussent
un émolument, que leurs fonctions fussent, en quelque
sorte, salariées. Je regarde cette innovation comme le
moyen le plus sûr de rattacher au pouvoir les représentants de la nation ; je n'ai pas besoin de vous développer cela, l'efficacité du moyen se comprend assez.
J'ajoute que, comme chef du pouvoir exécutif, j'ai le
droit de convoquer, de dissoudre le corps législatif, et

qu'en cas de dissolution, je me réserverais les plus longs
délais pour convoquer une nouvelle représentation. Je
comprends parfaitement que l'assemblée législative
ne pourrait, sans danger, rester indépendante de mon
pouvoir, mais rassurez-vous : nous rencontrerons bientôt d'autres moyens pratiques de l'y rattacher. Ces
détails constitutionnels vous suffisent-ils? en voulez-
vous davantage ?

MONTESQUIEU.

Cela n'est nullement nécessaire, et vous pouvez passer
maintenant à l'organisation du sénat.

MACHIAVEL.

Je vois que vous avez très-bien compris que c'était
là la partie capitale de mon œuvre, la clef de voûte de
ma constitution.

MONTESQUIEU.

Je ne sais vraiment ce que vous pouvez faire encore,
car, dès à présent, je vous regarde comme complètement maître de l'Etat.

MACHIAVEL.

Cela vous plaît à dire ; mais, en réalité, la souveraineté ne pourrait s'établir sur des bases aussi superfi-
cielles. A côté du souverain, il faut des corps imposants
par l'éclat des titres, des dignités et par l'illustration
personnelle de ceux qui le composent. Il n'est pas bon
que la personne du souverain soit constamment en jeu,
que sa main s'aperçoive toujours ; il faut que son action
puisse au besoin se couvrir sous l'autorité des grandes
magistratures qui environnent le trône.

MONTESQUIEU.

Il est aisé de voir que c'est à ce rôle que vous des-
tinez le sénat et le conseil d'Etat.

MACHIAVEL.

On ne peut rien vous cacher,

MONTESQUIEU.

Vous parlez du trône : je vois que vous êtes roi et nous étions tout à l'heure en république. La transition n'est guère ménagée.

MACHIAVEL.

L'illustre publiciste français ne peut pas me demander de m'arrêter à de semblables détails d'exécution : du moment que j'ai la toute-puissance en main, l'heure où je me ferai proclamer roi n'est plus qu'une affaire d'opportunité. Je le serai avant ou après avoir promulgué ma constitution, peu importe.

MONTESQUIEU.

C'est vrai. Revenons à l'organisation du sénat.

DIXIEME DIALOGUE.

MACHIAVEL.

Dans les hautes études que vous avez dû faire pour la composition de votre mémorable ouvrage sur *les Causes de la grandeur et de la décadence des Romains*, il n'est pas que vous n'ayez remarqué le rôle que jouait le sénat auprès des empereurs à partir du règne d'Auguste.

MONTESQUIEU.

C'est là, si vous me permettez de vous le dire, un point que les recherches historiques ne me paraissent pas avoir encore complétement éclairci. Ce qu'il y a de certain, c'est que jusqu'aux derniers temps de la République, le sénat romain avait été une institution autonome, investie d'immenses priviléges, ayant des pouvoirs propres ; ce fut là le secret de sa puissance, de la profondeur de ses traditions politiques et de la grandeur qu'il imprima à la République. A partir d'Auguste, le sénat n'est plus qu'un instrument dans la main des empereurs, mais on ne voit pas bien par quelle succession d'actes ils parvinrent à le dépouiller de sa puissance.

MACHIAVEL.

Ce n'est pas précisément pour élucider ce point d'histoire que je vous prie de vous reporter à cette période de l'Empire. Cette question, pour le moment, ne me préoccupe pas ; tout ce que je voulais vous dire, c'est que le sénat que je conçois devrait remplir, à côté du prince, un rôle politique analogue à celui du sénat romain dans les temps qui ont suivi la chute de la République.

MONTESQUIEU.

Eh bien! mais à cette époque la loi n'était plus votée dans les comices populaires, elle se faisait à coups de sénatus-consultes ; est-ce cela que vous voulez?

MACHIAVEL.

Non pas : cela ne serait point conforme aux principes modernes du droit constitutionnel.

MONTESQUIEU.

Quels remercîments ne vous doit-on pas pour un semblable scrupule !

MACHIAVEL.

Je n'ai d'ailleurs pas besoin de cela pour édicter ce qui me paraît nécessaire. Nulle disposition législative, vous le savez, ne peut émaner que de ma proposition, et je fais d'ailleurs des décrets qui ont force de lois.

MONTESQUIEU.

Il est vrai, vous aviez oublié ce point, qui n'est cependant pas mince ; mais alors je ne vois pas à quelles fins vous réservez le sénat.

MACHIAVEL.

Placé dans les plus hautes sphères constitutionnelles, son intervention directe ne doit apparaître que dans des circonstances solennelles ; s'il était nécessaire, par exemple, de toucher au pacte fondamental, ou que la souveraineté fût mise en péril.

MONTESQUIEU.

Ce langage est encore très-divinatoire. Vous aimez à préparer vos effets.

MACHIAVEL.

L'idée fixe de vos modernes constituants a été, jusqu'à présent, de vouloir tout prévoir, tout régler dans les chartes qu'ils donnent aux peuples. Je ne tomberais pas dans une telle faute ; je ne voudrais pas m'enfermer dans un cercle infranchissable ; je ne fixerais que ce qu'il est impossible de laisser incertain ; je laisserais

aux changements une assez large voie pour qu'il y ait,
dans les grandes crises, d'autres moyens de salut que
l'expédient désastreux des révolutions.

MONTESQUIEU.

Vous parlez en sage.

MACHIAVEL.

Et en ce qui concerne le sénat, j'inscrirais dans ma
Constitution : « Que le Sénat règle, par un sénatus-
consulte, tout ce qui n'a pas été prévu par la constitution et qui est nécessaire à sa marche ; qu'il fixe le
sens des articles de la constitution qui donneraient
lieu à différentes interprétations ; qu'il maintient ou
annule tous les actes qui lui sont déférés comme incon-
stitutionnels par le gouvernement ou dénoncés par les
pétitions des citoyens ; qu'il peut poser les bases de
projets de lois d'un grand intérêt national ; qu'il peut
proposer des modifications à la constitution, et qu'il y
sera statué par un sénatus-consulte. »

MONTESQUIEU.

Tout cela est fort beau, et c'est véritablement là un
sénat romain. Je fais seulement quelques remarques
sur votre constitution : elle sera donc rédigée dans
des termes bien vagues et bien ambigus pour que vous
jugiez à l'avance que les articles qu'elle renferme
pourront être susceptibles de différentes interprétations.

MACHIAVEL.

Non, mais il faut tout prévoir.

MONTESQUIEU.

Je croyais que, au contraire, votre principe, en
pareille matière, était d'éviter de tout prévoir et de
tout régler.

MACHIAVEL.

L'illustre président n'a pas hanté sans profit le palais
de Thémis, ni porté inutilement le bonnet à mortier.

Mes paroles n'ont pas eu d'autre portée que celle-ci :
Il faut prévoir ce qui est essentiel.

MONTESQUIEU.

Dites-moi, je vous prie : votre sénat, interprète et
gardien du pacte fondamental, a-t-il donc un pouvoir
propre ?

MACHIAVEL.

Indubitablement non.

MONTESQUIEU.

Tout ce que fera le Sénat, ce sera donc vous qui le
ferez ?

MACHIAVEL.

Je ne vous dis pas le contraire.

MONTESQUIEU.

Ce qu'il interprétera, ce sera donc vous qui l'inter-
préterez ; ce qu'il modifiera, ce sera vous qui le modi-
fierez; ce qu'il annulera, ce sera vous qui l'annule-
rez?

MACHIAVEL.

Je ne prétends pas m'en défendre.

MONTESQUIEU.

C'est donc à dire que vous vous réservez le droit de
défaire ce que vous avez fait, d'ôter ce que vous avez
donné, de changer votre constitution, soit en bien,
soit en mal, ou même de la faire disparaître complètement si vous le jugez nécessaire. Je ne préjuge rien de
vos intentions ni des mobiles qui pourraient vous faire
agir dans telles ou telles circonstances données ; je vous
demande seulement où se trouverait la plus faible
garantie d'un si vaste arbitraire, et comment surtout
ils pourraient jamais se résoudre à le subir?

MACHIAVEL.

Je m'aperçois que la sensibilité philosophique vous
revient. Rassurez-vous, je n'apporterais aucune modification aux bases fondamentales de ma constitution

sans soumettre ces modifications à l'acceptation du peuple par la voie du suffrage universel.

MONTESQUIEU.

Mais ce serait encore vous qui seriez juge de la question de savoir si la modification que vous projetez porte en elle le caractère fondamental qui doit la soumettre à la sanction du peuple. Je veux admettre toutefois que vous ne ferez pas par un décret ou par un sénatus-consulte ce qui doit être fait par un plébiscite. Livrerez-vous à la discussion vos amendements constitutionnels ? les ferez-vous délibérer dans des comices populaires?

MACHIAVEL.

Incontestablement non ; si jamais le débat sur des articles constitutionnels se trouvait engagé devant des assemblées populaires, rien ne pourrait empêcher le peuple de se saisir de l'examen du tout en vertu de son droit d'évocation, et le lendemain ce serait la Révolution dans la rue.

MONTESQUIEU.

Vous êtes logique du moins : alors les amendements constitutionnels sont présentés en bloc, acceptés en bloc?

MACHIAVEL.

Pas autrement, en effet.

MONTESQUIEU.

Eh bien ! je crois que nous pouvons passer à l'organisation du conseil d'Etat.

MACHIAVEL.

Vous dirigez vraiment les débats avec la précision consommée d'un président de cour souveraine. J'ai oublié de vous dire que j'appointerais le sénat comme j'ai appointé le corps législatif.

MONTESQUIEU.

C'est entendu.

MACHIAVEL.

Je n'ai pas besoin d'ajouter d'ailleurs que je me
réserverais également la nomination des présidents et
des vice-présidents de cette haute assemblée. En ce qui
touche le Conseil d'Etat, je serai plus bref. Vos institutions modernes sont des instruments de centralisation
si puissants, qu'il est presque impossible de s'en servir
sans exercer l'autorité souveraine.

Qu'est-ce, en effet, d'après vos propres principes,
que le conseil d'Etat? C'est un simulacre de corps
politique destiné à faire passer entre les mains du
prince un pouvoir considérable, le pouvoir réglementaire qui est une sorte de pouvoir discrétionnaire, qui
peut servir, quand on veut, à faire de véritables lois.

Le Conseil d'Etat est de plus investi chez vous,
m'a-t-on dit, d'une attribution spéciale peut-être plus
exorbitante encore. En matière contentieuse, il peut,
m'assure-t-on, revendiquer par droit d'évocation, res-
saisir de sa propre autorité, devant les tribunaux ordi-
naires, la connaissance de tous les litiges qui lui paraissent avoir un caractère administratif. Ainsi, et pour
caractériser en un mot ce qu'il y a de tout à fait
exceptionnel dans cette dernière attribution, les tribunaux doivent refuser de juger quand ils se trouvent en
présence d'un acte de l'autorité administrative, et l'autorité administrative peut, dans le même cas, dessaisir
les tribunaux pour s'en référer à la décision du conseil
d'Etat.

Or, encore une fois, qu'est-ce que le conseil d'Etat?
A-t-il un pouvoir propre? est-il indépendant du souverain? Pas du tout. Ce n'est qu'un comité de rédaction. Quand le Conseil d'Etat fait un règlement, c'est
le souverain qui le fait; quand il rend un jugement,
c'est le souverain qui le rend, ou, comme vous dites
aujourd'hui, c'est l'administration, l'administration

juge et partie dans sa propre cause. Connaissez-vous
quelque chose de plus fort que cela et croyez-vous qu'il
y ait beaucoup à faire pour fonder le pouvoir absolu
dans des Etats où l'on trouve tout organisées de
pareilles institutions ?

MONTESQUIEU.

Votre critique tombe assez juste, j'en conviens ; mais,
comme le conseil d'Etat est une institution excellente
en soi, rien n'est plus facile que de lui donner l'indépendance nécessaire en l'isolant, dans une certaine mesure, du pouvoir. Ce n'est pas ce que vous ferez sans
doute.

MACHIAVEL.

En effet, je maintiendrai le type de l'unité dans l'institution là où je le trouverai, je le ramènerai là où il
n'est pas, en resserrant les liens d'une solidarité que je
regarde comme indispensable.

Nous ne sommes pas restés en chemin, vous le voyez,
car voilà ma constitution faite.

MONTESQUIEU.

Déjà ?

MACHIAVEL.

Un petit nombre de combinaisons savamment ordon-
nées suffit pour changer complétement la marche des
pouvoirs. Cette partie de mon programme est remplie.

MONTESQUIEU.

Je croyais que vous aviez encore à me parler de la
cour de cassation.

MACHIAVEL.

Ce que j'ai à vous en dire trouvera mieux sa place
ailleurs.

MONTESQUIEU.

Il est vrai que si nous évaluons la somme des pouvoirs qui sont entre vos mains, vous devez commencer
à être satisfait.

8.

Récapitulons :

Vous faites la loi : 1º sous la forme de propositions au Corps législatif; vous la faites, 2º, sous forme de décrets ; 3º sous forme de sénatus-consultes ; 4º sous forme de règlements généraux ; 5º sous forme d'arrêtés au conseil d'Etat ; 6º sous forme de règlements ministériels ; 7º enfin sous forme de coups d'Etat.

MACHIAVEL.

Vous ne paraissez pas soupçonner que ce qui me reste à accomplir est précisément le plus difficile.

MONTESQUIEU.

En effet, je ne m'en doutais pas.

MACHIAVEL.

Vous n'avez pas assez remarqué alors que ma constitution était muette sur une foule de droits acquis qui seraient incompatibles avec le nouvel ordre de choses que je viens d'établir. Il en est ainsi, par exemple, de la liberté de la presse, du droit d'association, de l'indépendance de la magistrature, du droit de suffrage, de l'élection, par les communes, de leurs officiers municipaux, de l'institution des gardes civiques et de beaucoup d'autres choses encore qui devront disparaître ou être profondément modifiées.

MONTESQUIEU.

Mais n'avez-vous pas reconnu implicitement tous ces droits, puisque vous avez reconnu solennellement les principes dont ils ne sont que l'application?

MACHIAVEL.

Je vous l'ai dit, je n'ai reconnu aucun principe ni aucun droit en particulier; au surplus, les mesures que je vais prendre ne sont que des exceptions à la règle.

MONTESQUIEU.

Et des exceptions qui la confirment, c'est juste.

MACHIAVEL.

Mais, pour cela, je dois bien choisir mon moment,

car une erreur d'opportunité peut tout perdre. J'ai écrit
dans le *Traité du Prince* une maxime qui doit servir
de règle de conduite en pareil cas : « Il faut que l'usur-
« pateur d'un Etat y commette une seule fois toutes
« les rigueurs que sa sûreté nécessite pour n'avoir plus
« à y revenir ; car plus tard il ne pourra plus varier
« avec ses sujets ni en bien ni en mal ; si c'est en mal
« que vous avez à agir, vous n'êtes plus à temps, du
« moment où la fortune vous est contraire ; si c'est en
« bien, vos sujets ne vous sauront aucun gré d'un
« changement qu'ils jugeront être forcé. »

Au lendemain même de la promulgation de ma Constitution, je rendrai une succession de décrets ayant
force de loi, qui supprimeront d'un seul coup les libertés
et les droits dont l'exercice serait dangereux.

MONTESQUIEU.

Le moment est bien choisi en effet. Le pays est
encore sous la terreur de votre coup d'Etat. Pour votre
constitution on ne vous a rien refusé, puisque vous
pouviez tout prendre ; pour vos décrets, on n'a rien à
vous permettre, puisque vous ne demandez rien et que
vous prenez tout.

MACHIAVEL.

Vous avez le mot vif.

MONTESQUIEU.

Un peu moins cependant que vous n'avez l'action,
convenez-en. Malgré votre vigueur de main et votre
coup d'œil, je vous avoue que j'ai peine à croire que
le pays ne se soulèvera pas en présence de ce second
coup d'Etat tenu en réserve derrière la coulisse.

MACHIAVEL.

Le pays fermera volontairement les yeux ; car, dans
l'hypothèse où je me suis placé, il est las d'agitations,
il aspire au repos comme le sable du désert après l'on-
dée qui suit la tempête.

MONTESQUIEU.

Vous faites avec cela de belles figures de rhétorique ; c'est trop.

MACHIAVEL.

Je m'empresse d'ailleurs de vous dire que les libertés que je supprime, je promettrai solennellement de les rendre après l'apaisement des partis.

MONTESQUIEU.

Je crois qu'on attendra toujours.

MACHIAVEL.

C'est possible.

MONTESQUIEU.

C'est certain, car vos maximes permettent au prince de ne pas tenir sa parole quand il y trouve son intérêt.

MACHIAVEL.

Ne vous hâtez pas de prononcer ; vous verrez l'usage que je saurai faire de cette promesse ; je me charge bientôt de passer pour l'homme le plus libéral de mon royaume.

MONTESQUIEU.

Voilà un étonnement auquel je ne suis pas préparé ; en attendant, vous supprimez directement toutes les libertés.

MACHIAVEL.

Directement n'est pas le mot d'un homme d'Etat ; je ne supprime rien directement ; c'est ici que la peau du renard doit se coudre à la peau du lion. A quoi servirait la politique, si l'on ne pouvait gagner par des voies obliques le but qui ne peut s'atteindre par la ligne droite ? Les bases de mon établissement sont prêtes, il n'y a plus qu'à les mettre en mouvement. Je le ferai avec tous les ménagements que comportent les nouvelles mœurs constitutionnelles. C'est ici que doivent se placer naturellement les artifices de gouvernement et de législation que la prudence recommande au prince.

MONTESQUIEU.

Je vois que nous entrons dans une nouvelle phase ; je me dispose à vous écouter.

ONZIEME DIALOGUE.

MACHIAVEL.

Vous remarquez avec beaucoup de raison, dans l'*Esprit des Lois*, que le mot de liberté est un mot auquel on attache des sens fort divers. On lit, dit-on, dans votre ouvrage, la proposition que voici :

« La liberté est le droit de faire ce que les lois per-
« mettent (1). »

Je m'accommode très-bien de cette définition que je trouve juste, et je puis vous assurer que mes lois ne permettront que ce qu'il faudra. Vous allez voir quel en est l'esprit. Par quoi vous plaît-il que nous commençions ?

MONTESQUIEU.

Je ne serais pas fâché de voir d'abord comment vous vous mettrez en défense vis-à-vis de la presse.

MACHIAVEL.

Vous mettez le doigt, en effet, sur la partie la plus délicate de ma tâche. Le système que je conçois à cet égard est aussi vaste que multiplié dans ses applications. Heureusement, ici, j'ai mes coudées franches ; je puis tailler et trancher en pleine sécurité et presque sans soulever aucune récrimination.

MONTESQUIEU.

Pourquoi donc, s'il vous plaît ?

MACHIAVEL.

Parce que, dans la plupart des pays parlementaires, la presse a le talent de se rendre haïssable, parce qu'elle

_____
(1) *Esp. des Lois*, p. 125, livre XI, chap. III.

n'est jamais au service que de passions violentes, égoïstes, exclusives; parce qu'elle dénigre de parti pris, parce qu'elle est vénale, parce qu'elle est injuste, parce qu'elle est sans générosité et sans patriotisme; enfin et surtout, parce que vous ne ferez jamais comprendre à la grande masse d'un pays à quoi elle peut servir.

MONTESQUIEU.

Oh! si vous cherchez des griefs contre la presse, il vous sera facile d'en accumuler. Si vous demandez à quoi elle peut servir, c'est autre chose. Elle empêche tout simplement l'arbitraire dans l'exercice du pouvoir; elle force à gouverner constitutionnellement; elle contraint à l'honnêteté, à la pudeur, au respect d'eux-mêmes et d'autrui les dépositaires de l'autorité publique. Enfin, pour tout dire en un mot, elle donne à quiconque est opprimé le moyen de se plaindre et d'être entendu. On peut pardonner beaucoup à une institution qui, à travers tant d'abus, rend nécessairement tant de services.

MACHIAVEL.

Oui, je connais ce plaidoyer, mais faites-le comprendre, si vous le pouvez, au plus grand nombre; comptez ceux qui s'intéresseront au sort de la presse, et vous verrez.

MONTESQUIEU.

C'est pour cela qu'il vaut mieux que vous passiez de suite aux moyens pratiques de la *museler*; je crois que c'est le mot.

MACHIAVEL.

C'est le mot, en effet; au surplus, ce n'est pas seulement le journalisme que j'entends refréner.

MONTESQUIEU.

C'est l'imprimerie elle-même.

MACHIAVEL.

Vous commencez à user de l'ironie.

MONTESQUIEU.

Dans un moment vous allez me l'ôter, puisque sous toutes les formes vous allez enchaîner la presse.

MACHIAVEL.

On ne trouve point d'armes contre un enjouement dont le trait est si spirituel ; mais vous comprendrez à merveille que ce ne serait pas la peine d'échapper aux attaques du journalisme s'il fallait rester en butte à celles du livre.

MONTESQUIEU.

Eh bien ! commençons par le journalisme.

MACHIAVEL.

Si je m'avisais de supprimer purement et simplement les journaux, je heurterais très-imprudemment la susceptibilité publique, qu'il est toujours dangereux de braver ouvertement ; je vais procéder par une série de dispositions qui paraîtront de simples mesures de prévoyance et de police.

Je décrète qu'à l'avenir aucun journal ne pourra se fonder qu'avec l'autorisation du gouvernement ; voilà déjà le mal arrêté dans son développement ; car vous vous imaginez sans peine que les journaux qui seront autorisés à l'avenir ne pourront être que des organes dévoués au gouvernement.

MONTESQUIEU.

Mais, puisque vous entrez dans ces détails, permettez : l'esprit d'un journal change avec le personnel de sa rédaction ; comment pourrez-vous écarter une rédaction hostile à votre pouvoir ?

MACHIAVEL.

L'objection est bien faible, car, en fin de compte, je n'autoriserai, si je le veux, la publication d'aucune feuille nouvelle ; mais j'ai d'autres plans, comme vous

le verrez. Vous me demandez comment je neutraliserai
une rédaction hostile? De la façon la plus simple, en
vérité : j'ajouterai que l'autorisation du gouvernement
est nécessaire à raison de tous changements opérés
dans le personnel des rédacteurs en chef ou gérants du
journal.

MONTESQUIEU.

Mais les anciens journaux, restés ennemis de votre
gouvernement et dont la rédaction n'aura pas changé,
parleront.

MACHIAVEL.

Oh! attendez : j'atteins tous les journaux présents
ou futurs par des mesures fiscales qui enraieront
comme il convient les entreprises de publicité ; je sou-
mettrai les feuilles politiques à ce que vous appelez
aujourd'hui le timbre et le cautionnement. L'industrie
de la presse sera bientôt si peu lucrative, grâce à l'élévation de ces impôts, que l'on ne s'y livrera qu'à bon
escient.

MONTESQUIEU.

Le remède est insuffisant, car les partis politiques ne
regardent pas à l'argent.

MACHIAVEL.

Soyez tranquille, j'ai de quoi leur fermer la bouche,
car voici venir les mesures répressives. Il y a des Etats
en Europe où l'on a déféré au jury la connaissance des
délits de presse. Je ne connais pas de mesure plus déplo-
rable que celle-là, car c'est agiter l'opinion à propos de
la moindre billevesée de journaliste. Les délits de presse
ont un caractère tellement élastique, l'écrivain peut
déguiser ses attaques sous des formes si variées et si
subtiles, qu'il n'est pas même possible de déférer aux
tribunaux la connaissance de ces délits. Les tribunaux
resteront toujours armés, cela va sans dire, mais l'arme

9

répressive de tous les jours doit être aux mains de l'administration.

MONTESQUIEU.

Il y aura donc des délits qui ne seront pas justiciables des tribunaux, ou plutôt vous frapperez donc de deux mains : de la main de la justice et de celle de l'administration ?

MACHIAVEL.

Le grand mal ! Voilà bien de la sollicitude pour quelques mauvais et méchants journalistes qui font état de tout attaquer, de tout dénigrer ; qui se comportent avec les gouvernements comme ces bandits que les voyageurs rencontrent, l'escopette au poing, sur leur route ! Ils se mettent constamment hors la loi ; quand bien même on les y mettrait un peu !

MONTESQUIEU.

C'est donc sur eux seuls que vont tomber vos rigueurs ?

MACHIAVEL.

Je ne puis pas m'engager à cela, car ces gens-là sont comme des têtes de l'hydre de Lerne : quand on en coupe dix, il en repousse cinquante. C'est principalement aux journaux, en tant qu'entreprises de publicité, que je m'en prendrais. Je leur tiendrais simplement le langage que voici : J'ai pu vous supprimer tous, je ne l'ai pas fait ; je le puis encore, je vous laisse vivre, mais il va de soi que c'est à une condition, c'est que vous ne viendrez pas embarrasser ma marche et déconsidérer mon pouvoir. Je ne veux pas avoir tous les jours à vous faire des procès, ni avoir sans cesse à commenter la loi pour réprimer vos infractions ; je ne puis pas davantage avoir une armée de censeurs chargés d'examiner la veille ce que vous éditerez le lendemain.. Vous avez des plumes, écrivez ; mais retenez bien ceci : je me réserve, pour moi-même et pour mes agents, le droit de

juger quand je serai attaqué. Point de subtilités. Quand
vous m'attaquerez, je le sentirai bien et vous le senti-
rez bien vous-mêmes ; dans ce cas-là, je me ferai justice de mes propres mains, non pas de suite, car je
veux y mettre des ménagements ; je vous avertirai une
fois, deux fois ; à la troisième fois je vous supprimerai.

MONTESQUIEU.

Je vois avec étonnement que ce n'est pas précisément le journaliste qui est frappé dans ce système, c'est
le journal, dont la ruine entraîne celle des intérêts qui
se sont groupés autour de lui.

MACHIAVEL.

Qu'ils aillent se grouper ailleurs : on ne fait pas de
commerce sur ces choses-là. Mon administration frap-
perait donc, ainsi que je viens de vous le dire, sans
préjudice bien entendu des condamnations prononcées
par les tribunaux. Deux condamnations dans l'année
entraîneraient de plein droit la suppression du journal.
Je ne m'en tiendrais pas là, je dirais encore aux journaux, dans un décret ou dans une loi s'entend : Réduits
à la plus étroite circonspection en ce qui vous concerne, n'espérez pas agiter l'opinion par des commen-
taires sur les débats de mes chambres ; je vous en
défends le compte rendu, je vous défends même le
compte rendu des débats judiciaires en matière de
presse. Ne comptez pas davantage impressionner l'esprit public par de prétendues nouvelles venues du
dehors ; je punirais les fausses nouvelles de peines cor-
porelles, qu'elles soient publiées de bonne ou de mauvaise foi.

MONTESQUIEU.

Cela me paraît un peu dur, car enfin les journaux
ne pouvant plus, sans les plus grands périls, se livrer à
des appréciations politiques, ne vivront plus guère que
par des nouvelles. Or, quand un journal publie une

nouvelle, il me paraît bien difficile de lui en imposer la
véracité, car, le plus souvent, il n'en pourra répondre
d'une manière certaine, et quand il sera moralement
sûr de la vérité, la preuve matérielle lui manquera.

MACHIAVEL.

On y regardera à deux fois avant de troubler l'opinion,
c'est ce qu'il faut.

MONTESQUIEU.

Mais je vois autre chose. Si l'on ne peut plus vous
combattre par les journaux du dedans, on vous com-
battra par les journaux du dehors. Tous les mécontentements, toutes les haines écriront aux portes de votre
royaume ; on jettera par-dessus la frontière des jour-
naux et des écrits enflammés.

MACHIAVEL.

Oh ! vous touchez ici à un point que je compte réglementer de la manière la plus rigoureuse, parce que la
presse du dehors est en effet très-dangereuse. D'abord
toute introduction ou circulation dans le royaume de
journaux ou d'écrits non autorisés, sera punie d'un
emprisonnement, et la peine sera suffisamment sévère
pour en ôter l'envie. Ensuite ceux de mes sujets con-
vaincus d'avoir écrit, à l'étranger, contre le gouvernement, seront, à leur retour dans le royaume, recherchés
et punis. C'est une indignité véritable que d'écrire, à
l'étranger, contre son gouvernement.

MONTESQUIEU.

Cela dépend. Mais la presse étrangère des États
frontières parlera.

MACHIAVEL.

Vous croyez? Nous supposons que je règne dans un
grand royaume. Les petits États qui borderont ma
frontière seront bien tremblants, je vous le jure. Je leur
ferai rendre des lois qui poursuivront leurs propres

nationaux, en cas d'attaque contre mon gouvernement, par la voie de la presse ou autrement.

MONTESQUIEU.

Je vois que j'ai eu raison de dire, dans l'*Esprit des Lois*, que les frontières d'un despote devaient être ravagées. Il faut que la civilisation n'y pénètre pas. Vos sujets, j'en suis sûr, ne connaîtront pas leur histoire. Selon le mot de Benjamin Constant, vous ferez du royaume une île où l'on ignorera ce qui se passe en Europe, et de la capitale une autre île où l'on ignorera ce qui se passe dans les provinces.

MACHIAVEL.

Je ne veux pas que mon royaume puisse être agité par les bruits du dehors. Comment les nouvelles extérieures arrivent-elles? Par un petit nombre d'agences qui centralisent les renseignements qui leur sont transmis des quatre parties du monde. Eh bien! on doit pouvoir soudoyer ces agences, et dès lors elles ne donneront de nouvelles que sous le contrôle du gouvernement.

MONTESQUIEU.

Voilà qui est bien; vous pouvez passer maintenant à la police des livres.

MACHIAVEL.

Ceci me préoccupe moins, car dans un temps où le journalisme a pris une si prodigieuse extension, on ne lit presque plus de livres. Je n'entends nullement toutefois leur laisser la porte ouverte. En premier lieu, j'obligerai ceux qui voudront exercer la profession d'imprimeur, d'éditeur ou de libraire, à se munir d'un brevet, c'est-à-dire d'une autorisation que le gouvernement pourra toujours leur retirer, soit directement, soit par des décisions de justice.

MONTESQUIEU.

Mais alors, ces industriels seront des espèces de fonc-

9.

tionnaires publics. Les instruments de la pensée deviendront les instruments du pouvoir !

MACHIAVEL.

Vous ne vous en plaindrez pas, j'imagine, car les choses étaient ainsi de votre temps, sous les parlements; il faut conserver les anciens usages quand ils sont bons. Je retournerai aux mesures fiscales; j'étendrai aux livres le timbre qui frappe les journaux, ou plutôt j'imposerai le poids du timbre aux livres qui n'auront pas un certain nombre de pages. Un livre, par exemple, qui n'aura pas deux cents pages, trois cents pages, ne sera pas un livre : ce ne sera qu'une brochure. Je crois que vous saisissez parfaitement l'avantage de cette combinaison : d'un côté je raréfie par l'impôt cette nuée de petits écrits qui sont comme des annexes du journalisme; de l'autre, je force ceux qui veulent échapper au timbre à se jeter dans des compositions longues et dispendieuses qui ne se vendront presque pas ou se liront à peine sous cette forme. Il n'y a plus guère que les pauvres diables, aujourd'hui, qui ont la conscience de faire des livres; ils y renonceront. Le fisc découragera la vanité littéraire et la loi pénale désarmera l'imprimerie elle-même, car je rends l'éditeur et l'imprimeur responsables, criminellement, de ce que les livres renferment. Il faut que, s'il y a des écrivains assez osés pour écrire des ouvrages contre le gouvernement, ils ne puissent trouver personne pour les éditer. Les effets de cette intimidation salutaire rétabliront indirectement une censure que le gouvernement ne pourrait exercer lui-même, à cause du discrédit dans lequel cette mesure préventive est tombée. Avant de donner le jour à des ouvrages nouveaux, les imprimeurs, les éditeurs consulteront; ils viendront s'informer, ils produiront les livres dont on leur demande l'impression, et de cette manière le gouvernement sera

toujours informé utilement des publications qui se pré-
parent contre lui ; il en fera opérer la saisie préalable
quand il le jugera à propos, et en déférera les auteurs
aux tribunaux.

MONTESQUIEU.

Vous m'aviez dit que vous ne toucheriez pas aux
droits civils. Vous ne paraissez pas vous douter que
c'est la liberté de l'industrie que vous venez de frapper
par cette législation ; le droit de propriété s'y trouve
lui-même engagé, il y passera à son tour.

MACHIAVEL.

Ce sont des mots.

MONTESQUIEU.

Alors vous en avez, je pense, fini avec la presse.

MACHIAVEL.

Oh ! que non pas.

MONTESQUIEU.

Que reste-t-il donc ?

MACHIAVEL.

L'autre moitié de la tâche.

DOUZIEME DIALOGUE.

MACHIAVEL.

Je ne vous ai montré encore que la partie en quelque sorte défensive du régime organique que j'imposerais à la presse ; j'ai maintenant à vous faire voir comment je saurais employer eette institution au profit de mon pouvoir. J'ose dire que nul gouvernement n'a eu, jusqu'à ce jour, une conception plus hardie que celle dont je vais vous parler. Dans les pays parlementaires, c'est presque toujours par la presse que périssent les gouvernements ; eh bien ! j'entrevois la possibilité de neutraliser la presse par la presse elle-même. Puisque c'est une si grande force que le journalisme, savez-vous ce que ferait mon gouvernement ? Il se ferait journaliste, ce serait le journalisme incarné.

MONTESQUIEU.

Vraiment, vous me faites passer par d'étranges surprises ! C'est un panorama perpétuellement varié que vous déployez devant moi ; je suis assez curieux, je vous l'avoue, de voir comment vous vous y prendrez pour réaliser ce nouveau programme.

MACHIAVEL.

Il faudra beaucoup moins de frais d'imagination que vous ne le pensez. Je compterai le nombre de journaux qui représenteront ce que vous appelez l'opposition. S'il y en a dix pour l'opposition, j'en aurai vingt pour le gouvernement ; s'il y en a vingt, j'en aurai quarante ; s'il y en a quarante, j'en aurai quatre-vingts. Voilà à quoi me servira, vous le comprenez à merveille maintenant, la faculté que je me suis réservée d'autoriser la création de nouvelles feuilles politiques.

MONTESQUIEU.

En effet, cela est très-simple.

MACHIAVEL.

Pas tant que vous le croyez cependant, car il ne faut pas que la masse du public puisse soupçonner cette tactique; la combinaison serait manquée et l'opinion se détacherait d'elle-même des journaux qui défendraient ouvertement ma politique.

Je diviserai en trois ou quatre catégories les feuilles dévouées à mon pouvoir. Au premier rang je mettrai un certain nombre de journaux dont la nuance sera franchement officielle, et qui, en toutes rencontres, défendront mes actes à outrance. Ce ne sont pas ceux-là, je commence par vous le dire, qui auront le plus d'ascendant sur l'opinion. Au second rang je placerai une autre phalange de journaux dont le caractère ne sera déjà plus qu'officieux et dont la mission sera de rallier à mon pouvoir cette masse d'hommes tièdes et indifférents qui acceptent sans scrupule ce qui est constitué, mais ne vont pas au delà dans leur religion politique.

C'est dans les catégories des journaux qui vont suivre que se trouveront les leviers les plus puissants de mon pouvoir. Ici, la nuance officielle ou officieuse se dégrade complétement, en apparence, bien entendu, car les journaux dont je vais vous parler seront tous rattachés par la même chaîne à mon gouvernement, chaîne visible pour les uns, invisible à l'égard des autres. Je n'entreprends point de vous dire quel en sera le nombre, car je compterai un organe dévoué dans chaque opinion, dans chaque parti; j'aurai un organe aristocratique dans le parti aristocratique, un organe républicain dans le parti républicain, un organe révolutionnaire dans le parti révolutionnaire, un organe anarchiste, au besoin, dans le parti anarchiste. Comme le dieu Wishnou, ma presse aura cent bras, et ces bras donneront la main à toutes les nuances d'opinion quelconque sur la surface entière du pays. On sera de mon parti sans le savoir. Ceux qui croiront parler leur langue parleront la mienne, ceux qui croiront agiter leur parti agiteront le mien, ceux qui croiront marcher sous leur drapeau marcheront sous le mien.

MONTESQUIEU.

Sont-ce là des conceptions réalisables ou des fantasmagories? Cela donne le vertige.

MACHIAVEL.

Ménagez votre tête, car vous n'êtes pas au bout.

MONTESQUIEU.

Je me demande seulement comment vous pourrez diriger et rallier toutes ces milices de publicité clandestinement embauchées par votre gouvernement.

MACHIAVEL.

Ce n'est là qu'une affaire d'organisation, vous devez le comprendre; j'instituerai, par exemple, sous le titre de division de l'imprimerie et de la presse, un centre d'action commun où l'on viendra chercher la consigne et d'où partira le signal. Alors, pour ceux qui ne seront qu'à moitié dans le secret de cette combinaison, il se passera un spectacle bizarre; on verra des feuilles, dévouées à mon gouvernement, qui m'attaqueront, qui crieront, qui me susciteront une foule de tracas.

MONTESQUIEU.

Ceci est au-dessus de ma portée, je ne comprends plus.

MACHIAVEL.

Ce n'est cependant pas si difficile à concevoir; car, remarquez bien que jamais les bases ni les principes de mon gouvernement ne seront attaqués par les journaux dont je vous parle; ils ne feront jamais qu'une polé-

mique d'escarmouche, qu'une opposition dynastique
dans les limites les plus étroites.

MONTESQUIEU.

Et quel avantage y trouverez-vous?

MACHIAVEL.

Votre question est assez ingénue. Le résultat, vraiment considérable déjà, sera de faire dire, par le plus
grand nombre : Mais vous voyez bien qu'on est libre,
qu'on peut parler sous ce régime, qu'il est injustement
attaqué, qu'au lieu de comprimer, comme il pourrait
le faire, il souffre, il tolère! Un autre résultat, non
moins important, sera de provoquer, par exemple, des
observations comme celles-ci : Voyez à quel point les
bases de ce gouvernement, ses principes, s'imposent au
respect de tous; voilà des journaux qui se permettent
les plus grandes libertés de langage, eh bien ! jamais ils
n'attaquent les institutions établies. Il faut qu'elles
soient au-dessus des injustices des passions, puisque les
ennemis mêmes du gouvernement ne peuvent s'empêcher de leur rendre hommage.

MONTESQUIEU.

Voilà, je l'avoue, qui est vraiment machiavélique.

MACHIAVEL.

Vous me faites beaucoup d'honneur, mais il y a
mieux : A l'aide du dévouement occulte de ces feuilles
publiques, je puis dire que je dirige à mon gré l'opinion dans toutes les questions de politique intérieure ou
extérieure. J'excite ou j'endors les esprits, je les rassure ou je les déconcerte, je plaide le pour et le contre,
le vrai et le faux. Je fais annoncer un fait et je le fais
démentir suivant les circonstances; je sonde ainsi la
pensée publique, je recueille l'impression produite,
j'essaie des combinaisons, des projets, des déterminations soudaines, enfin ce que vous appelez, en France,
des ballons d'essai. Je combats à mon gré mes ennemis

sans jamais compromettre mon pouvoir, car, après avoir
fait parler ces feuilles, je puis leur infliger, au besoin,
les désaveux les plus énergiques ; je sollicite l'opinion à
de certaines résolutions, je la pousse ou je la retiens,
j'ai toujours le doigt sur ses pulsations, elle reflète, sans
le savoir, mes impressions personnelles, et elle s'émer-
veille parfois d'être si constamment d'accord avec son
souverain. On dit alors que j'ai la fibre populaire, qu'il
y a une sympathie secrète et mystérieuse qui m'unit
aux mouvements de mon peuple.

MONTESQUIEU.

Ces diverses combinaisons me paraissent d'une perfection idéale. Je vous soumets cependant encore une
observation, mais très-timide cette fois : Si vous sortez
du silence de la Chine, si vous permettez à la milice
de vos journaux de faire, au profit de vos desseins,
l'opposition postiche dont vous venez de me parler, je
ne vois pas trop, en vérité, comment vous pourrez empêcher les journaux non affiliés de répondre, par de
véritables coups, aux agaceries dont ils devineront le
manége. Ne pensez-vous pas qu'ils finiront par lever
quelques-uns des voiles qui couvrent tant de ressorts
mystérieux? Quand ils connaîtront le secret de cette
comédie, pourrez-vous les empêcher d'en rire? Le jeu
me paraît bien scabreux.

MACHIAVEL.

Pas du tout ; je vous dirai que j'ai employé, ici, une
grande partie de mon temps à examiner le fort et le
faible de ces combinaisons, je me suis beaucoup renseigné sur ce qui touche aux conditions d'existence de
la presse dans les pays parlementaires. Vous devez savoir que le journalisme est une sorte de franc-maçonnerie:
ceux qui en vivent sont tous plus ou moins rattachés
les uns aux autres par les liens de la discrétion profes-
sionnelle; pareils aux anciens augures, ils ne divul-

guent pas aisément le secret de leurs oracles. Ils ne gagneraient rien à se trahir, car ils ont pour la plupart des plaies plus ou moins honteuses. Il est assez probable, j'en conviens, qu'au centre de la capitale, dans un certain rayon de personnes, ces choses ne seront pas un mystère ; mais, partout ailleurs, on ne s'en doutera pas, et la grande majorité de la nation marchera avec la confiance la plus entière sur la trace des guides que je lui aurait donnés.

Que m'importe que, dans la capitale, un certain monde puisse être au courant des artifices de mon journalisme? C'est à la province qu'est réservée la plus grande partie de son influence. Là j'aurai toujours la température d'opinion qui me sera nécessaire, et chacune de mes atteintes y portera sûrement. La presse de province m'appartiendra en entier, car là, point de contradiction ni de discussion possible ; du centre d'administration où je siégerai, on transmettra régulièrement au gouverneur de chaque province l'ordre de faire parler les journaux dans tel ou tel sens, si bien qu'à la même heure, sur toute la surface du pays, telle influence sera produite, telle impulsion sera donnée, bien souvent même avant que la capitale s'en doute. Vous voyez par là que l'opinion de la capitale n'est pas faite pour me préoccuper. Elle sera en retard, quand il le faudra, sur le mouvement extérieur qui l'envelopperait, au besoin, à son insu.

MONTESQUIEU.

L'enchaînement de vos idées entraîne tout avec tant de force, que vous me faites perdre le sentiment d'une dernière objection que je voulais vous soumettre. Il demeure constant, malgré ce que vous venez de dire, qu'il reste encore, dans la capitale, un certain nombre de journaux indépendants. Il leur sera à peu près impossible de parler politique, cela est certain, mais ils

pourront vous faire une guerre de détails. Votre administration ne sera pas parfaite; le développement du
pouvoir absolu comporte une quantité d'abus dont le
souverain même n'est pas cause ; sur tous les actes de
vos agents qui toucheront à l'intérêt privé, on vous
trouvera vulnérable ; on se plaindra, on attaquera vos
agents, vous en serez nécessairement responsable, et
votre considération succombera en détail.

MACHIAVEL.

Je ne crains pas cela.

MONTESQUIEU.

Il est vrai que vous avez tellement multiplié les
moyens de répression, que vous n'avez que le choix des
coups.

MACHIAVEL.

Ce n'est pas ce que je pensais dire; je ne veux même
pas être obligé d'avoir à faire sans cesse de la répression ; je veux, sur une simple injonction, avoir la possibilité d'arrêter toute discussion sur un sujet qui touche
à l'administration.

MONTESQUIEU.

Et comment vous y prendrez-vous?

MACHIAVEL.

J'obligerai les journaux à accueillir en tête de leurs
colonnes les rectifications que le gouvernement leur
communiquera : les agents de l'administration leur feront passer des notes dans lesquelles on leur dira caté-
goriquement : Vous avez avancé tel fait, il n'est pas
exact ; vous vous êtes permis telle critique, vous avez
été injuste, vous avez été inconvenant, vous avez eu
tort, tenez-vous-le pour dit. Ce sera, comme vous le
voyez, une censure loyale et à ciel ouvert.

MONTESQUIEU.

Dans laquelle, bien entendu, on n'aura pas la réplique.

MACHIAVEL.

Evidemment non; la discussion sera close.

MONTESQUIEU.

De cette manière vous aurez toujours le dernier mot, vous l'aurez sans user de violence, c'est très-ingénieux. Comme vous me le disiez très-bien tout à l'heure, votre gouvernement est le journalisme incarné.

MACHIAVEL.

De même que je ne veux pas que le pays puisse être agité par les bruits du dehors, de même je ne veux pas qu'il puisse l'être par les bruits venus du dedans, même par les simples nouvelles privées. Quand il y aura quelque suicide extraordinaire, quelque grosse affaire d'argent trop véreuse, quelque méfait de fonctionnaire public, j'enverrai défendre aux journaux d'en parler. Le silence sur ces choses respecte mieux l'honnêteté publique que le bruit.

MONTESQUIEU.

Et pendant ce temps, vous, vous ferez du journalisme à outrance?

MACHIAVEL.

Il le faut bien. User de la presse, en user sous toutes les formes, telle est, aujourd'hui, la loi des pouvoirs qui veulent vivre. C'est fort singulier, mais cela est. Aussi m'engagerais-je dans cette voie bien au delà de ce que vous pouvez imaginez.

Pour comprendre l'étendue de mon système, il faut voir comment le langage de ma presse est appelé à concourir avec les actes officiels de ma politique. Je veux, je suppose, faire sortir une solution de telle complication extérieure ou intérieure; cette solution, indiquée par mes journaux, qui, depuis plusieurs mois, pratiquent chacun dans leur sens l'esprit public se produit un beau matin, comme un événement officiel. Vous savez avec quelle discrétion et quels ménagements ingénieux doivent être rédigés les documents de l'autorité, dans les conjonctures importantes : le problème à résoudre en pareil cas est de donner une sorte de satisfaction à tous les partis. Eh bien! chacun de mes journaux, suivant sa nuance, s'efforcera de persuader à chaque parti que la résolution que l'on a prise est celle qui le favorise le plus. Ce qui ne sera pas écrit dans un document officiel, on l'en fera sortir par voie d'interprétation ; ce qui ne sera qu'indiqué, les journaux officieux le traduiront plus ouvertement, les journaux démocratiques et révolutionnaires le crieront par dessus les toits ; et tandis qu'on se disputera, qu'on donnera les interprétations les plus diverses à mes actes, mon gouvernement pourra toujours répondre à tous et à chacun : Vous vous trompez sur mes intentions, vous avez mal lu mes déclarations ; je n'ai jamais voulu dire que ceci ou que cela. L'essentiel est de ne jamais se mettre en contradiction avec soi-même.

MONTESQUIEU.

Comment ! après ce que vous venez de me dire, vous avez une pareille prétention ?

MACHIAVEL.

Sans doute, et votre étonnement me prouve que vous ne m'avez pas compris. Ce sont les paroles bien plus que les actes qu'il s'agit de faire accorder. Comment voulez-vous que la grande masse d'une nation puisse juger si c'est la logique qui mène son gouvernement? Il suffit de le lui dire. Je veux donc que les diverses phases de ma politique soient présentées comme le développement d'une pensée unique se rattachant à un but immuable. Chaque événement prévu ou imprévu sera un résultat sagement amené, les écarts de direction ne seront que les différentes faces de la même question, les voies diverses qui conduisent au même but, les moyens variés d'une solution identique poursuivie sans relâche à travers les obstacles. Le dernier événement sera donné comme la conclusion logique de tous les autres.

MONTESQUIEU.

En vérité, il faut qu'on vous admire! Quelle force de tête et quelle activité!

MACHIAVEL.

Chaque jour, mes journaux seraient remplis de discours officiels, de comptes rendus, de rapports aux ministres, de rapports au souverain. Je n'oublierais pas que je vis dans une époque où l'on croit pouvoir résoudre, par l'industrie, tous les problèmes de la société, où l'on s'occupe sans cesse de l'amélioration du sort des classes ouvrières. Je m'attacherais d'autant plus à ces questions, qu'elles sont un dérivatif très-heureux pour les préoccupations de la politique intérieure. Chez les peuples méridionaux, il faut que les gouvernements paraissent sans cesse occupés; les masses consentent à être inactives, mais à une condition, c'est que ceux qui les gouvernent leur donnent le spectacle d'une activité incessante, d'une sorte de fièvre; qu'ils attirent constamment leurs yeux par des nouveautés, par des surprises, par des coups de théâtre; cela est bizarre peut-être, mais, encore une fois, cela est.

Je me conformerais de point en point à ces indications; en conséquence, je ferais, en matière de commerce, d'industrie, d'arts et même d'administration, étudier toutes sortes de projets, de plans, de combinaisons, de changements, de remaniements, d'améliorations dont le retentissement dans la presse couvrirait la voix des publicistes les plus nombreux et les plus féconds. L'économie politique a, dit-on, fait fortune chez vous, eh bien! je ne laisserais rien à inventer, rien à publier, rien à dire même à vos théoriciens, à vos utopistes, aux déclamateurs les plus passionnés de vos écoles. Le bien-être du peuple serait l'objet unique, invariable, de mes

confidences publiques. Soit que je parle moi-même,
soit que je fasse parler par mes ministres ou mes écrivains, on ne tarirait jamais sur la grandeur du pays,
sur la prospérité, sur la majesté de sa mission et de ses
destinées; on ne cesserait de l'entretenir des grands
principes du droit moderne, des grands problèmes qui
agitent l'humanité. Le libéralisme le plus enthousiaste,
le plus universel, respirerait dans mes écrits. Les peuples de l'Occident aiment le style oriental : aussi le
style de tous les discours officiels, de tous les mani-
festes officiels devrait-il être toujours imagé, constamment pompeux, plein d'élévation et de reflets. Les peuples n'aiment pas les gouvernements athées : dans mes
communications avec le public, je ne manquerais jamais de mettre mes actes sous l'invocation de la Divinité, en associant, avec adresse, ma propre étoile à
celle du pays.

Je voudrais que l'on comparât à chaque instant les
actes de mon règne à ceux des gouvernements passés :
ce serait la meilleure manière de faire ressortir mes
bienfaits et d'exciter la reconnaissance qu'ils méritent.

Il serait très-important de mettre en relief les fautes
de ceux qui m'ont précédé, de montrer que j'ai su les
éviter toujours. On entretiendrait ainsi, contre les régimes auxquels mon pouvoir a succédé, une sorte d'an-
tipathie, d'aversion même, qui finirait par devenir irré-
parable comme une expiation.

Non-seulement je donnerais à un certain nombre de
journaux la mission d'exalter sans cesse la gloire de
mon règne, de rejeter sur d'autres gouvernements que
le mien la responsabilité des fautes de la politique
européenne, mais je voudrais qu'une grande partie de
ces éloges parût n'être qu'un écho des feuilles étrangères, dont on reproduirait des articles, vrais ou faux,
qui rendraient un hommage éclatant à ma propre poli-

tique. Au surplus j'aurais, à l'étranger, des journaux soldés, dont l'appui serait d'autant plus efficace que je leur ferais donner une couleur d'opposition sur quelques points de détail.

Mes principes, mes idées, mes actes seraient représentés avec l'auréole de la jeunesse, avec le prestige du droit nouveau en opposition avec la décrépitude et la caducité des anciennes institutions.

Je n'ignore pas qu'il faut des soupapes à l'esprit public, que l'activité intellectuelle, refoulée sur un point, se reporte nécessairement sur un autre. C'est pour cela que je ne craindrais pas de jeter la nation dans toutes les spéculations théoriques et partiques du régime industriel.

En dehors de la politique, d'ailleurs, je vous dirai que je serais très-bon prince, que je laisserais s'agiter en pleine paix les questions philosophiques ou religieuses. En matière de religion, la doctrine du libre examen est devenue une sorte de monomanie. Il ne faut pas contrarier cette tendance, on ne le pourrait pas sans danger. Dans les pays les plus avancés de l'Europe en civilisation, l'invention de l'imprimerie a fini par donner naissance à une littérature folle, furieuse, effrénée, presque immonde : c'est un grand mal. Eh bien ! cela est triste à dire, mais il suffira presque de ne pas la gêner, pour que cette rage d'écrire, qui possède vos pays parlementaires, soit à peu près satisfaite.

Cette littérature pestiférée dont on ne peut empêcher le cours, la platitude des écrivains et des hommes politiques qui seraient en possession du journalisme, ne manquerait pas de former un contraste repoussant avec la dignité du langage qui tomberait des marches du trône, avec la dialectique vivace et colorée dont on aurait soin d'appuyer toutes les manifestations du pouvoir. Vous comprenez, maintenant, pourquoi j'ai voulu

environner le prince de cet essaim de publicistes,
d'hommes d'administration, d'avocats, d'hommes d'affaires et de jurisconsultes qui sont essentiels à la rédaction de cette quantité de communications officielles
dont je vous ai parlé, et dont l'impression serait toujours très-forte sur les esprits.

Telle est, en bref, l'économie générale de mon régime sur la presse.

MONTESQUIEU.

Alors vous en avez fini avec elle?

MACHIAVEL.

Oui, et à regret, car j'ai été beaucoup plus court
qu'il ne l'aurait fallu. Mais nos instants sont comptés,
il faut marcher rapidement.

TREIZIEME DIALOGUE.

MONTESQUIEU.

J'ai besoin de me remettre un peu des émotions que vous venez de me faire traverser. Quelle fécondité de ressources, quelles conceptions étranges ! Il y a de la poésie dans tout cela, et je ne sais quelle beauté fatale que les modernes Byrons ne désavoueraient pas; on retrouve là le talent scéniqne de l'auteur de la Mandragore.

MACHIAVEL.

Vous croyez, monsieur de Secondat? Quelque chose me dit pourtant que vous n'êtes pas rassuré dans votre ironie; vous n'êtes pas sûr que ces choses-là ne sont pas possibles.

MONTESQUIEU.

Si c'est mon opinion qui vous préoccupe, vous l'aurez ; j'attends la fin.

MACHIAVEL.

Je n'y suis pas encore.

MONTESQUIEU.

Eh bien ! continuez.

MACHIAVEL.

Je suis à vos ordres.

MONTESQUIEU.

Vous venez, à vos débuts, d'édicter sur la presse une législation formidable. Vous avez éteint toutes les voix, à l'exception de la vôtre. Voilà les partis muets devant vous, ne craignez-vous rien des complots ?

MACHIAVEL.

Non, car je serais bien peu prévoyant si, d'un revers
de la main, je ne les désarmais tous à la fois.

MONTESQUIEU.

Quels sont donc vos moyens ?

MACHIAVEL.

Je commencerais par faire déporter par centaines
ceux qui ont accueilli, les armes à la main, l'avénement
de mon pouvoir. On m'a dit qu'en Italie, en Allemagne
et en France, c'étaient par les sociétés secrètes que se
recrutaient les hommes de désordre qui conspirent
contre les gouvernements ; je briserais chez moi ces fils
ténébreux qui se trament dans les repaires comme les
toiles d'araignées.

MONTESQUIEU.

Après ?

MACHIAVEL.

Le fait d'organiser une société secrète, ou de s'y
affilier, sera puni rigoureusement.

MONTESQUIEU.

Bien, pour l'avenir ; mais les sociétés existantes ?

MACHIAVEL.

J'expulserai, par voie de sûreté générale, tous ceux
qui seront notoirement connus pour en avoir fait partie.
Ceux que je n'atteindrai pas resteront sous le coup
d'une menace perpétuelle, car je rendrai une loi qui
permettra au gouvernement de déporter, par voie
administrative, quiconque aura été affilié.

MONTESQUIEU.

C'est-à-dire sans jugement.

MACHIAVEL.

Pourquoi dites-vous : sans jugement ? La décision
d'un gouvernement n'est-elle pas un jugement ? Soyez
sûr qu'on aura peu de pitié pour les factieux. Dans les
pays incessamment troublés par les discordes civiles, il

faut ramener la paix par des actes de vigueur implacables ; il y a un compte de victimes à faire pour assurer la tranquillité, on le fait. Ensuite, l'aspect de celui qui commande devient tellement imposant, que nul n'ose attenter à sa vie. Après avoir couvert de sang l'Italie, Sylla put reparaître dans Rome en simple particulier ; personne ne toucha un cheveu de sa tête.

MONTESQUIEU.

Je vois que vous êtes dans une période d'exécution terrible ; je n'ose pas vous faire d'observation. Il me semble cependant que, même en suivant vos desseins, vous pourriez être moins rigoureux.

MACHIAVEL.

Si l'on s'adressait à ma clémence, je verrais. Je puis même vous confier qu'une partie des dispositions sévères que j'écrirai dans la loi deviendront purement comminatoires, à la condition cependant que l'on ne me force pas à en user autrement.

MONTESQUIEU.

C'est là ce que vous appelez comminatoire ? Cependant votre clémence me rassure peu ; il y a des moments où, si quelque mortel vous entendait, vous lui glaceriez le sang.

MACHIAVEL.

Pourquoi ? J'ai vécu de très-près avec le duc de Valentinois qui a laissé une renommée terrible et qui la méritait bien, car il avait des moments impitoyables ; cependant je vous assure que les nécessités d'exécution une fois passées, c'était un homme assez débonnaire. On en pourrait dire autant de presque tous les monarques absolus ; au fond ils sont bons : ils le sont surtout pour les petits.

MONTESQUIEU.

Je ne sais si je ne vous aime pas mieux dans l'éclat de votre colère : votre douceur m'effraie plus encore.

Mais revenons. Vous avez anéanti les sociétés secrètes.

MACHIAVEL.

N'allez pas si vite; je n'ai pas fait cela, vous allez
amener quelque confusion.

MONTESQUIEU.

Quoi et comment?

MACHIAVEL.

J'ai interdit les sociétés secrètes, dont le caractère et
les agissements échapperaient à la surveillance de mon
gouvernement, mais je n'ai pas entendu me priver d'un
moyen d'information, d'une influence occulte qui peut
être considérable si l'on sait s'en servir.

MONTESQUIEU.

Que pouvez-vous méditer là-dessus?

MACHIAVEL.

J'entrevois la possibilité de donner, à un certain
nombre de ces sociétés, une sorte d'existence légale,
ou plutôt de les centraliser toutes en une seule dont je
nommerai le chef suprême. Par là je tiendrai dans ma
main les divers éléments révolutionnaires que le pays
renferme. Les gens qui composent ces sociétés appartiennent à toutes les nations, à toutes les classes, à tous
les rangs; je serai mis au courant des intrigues les plus
obscures de la politique. Ce sera là comme une annexe
de ma police dont j'aurai bientôt à vous parler.

Ce monde souterrain des sociétés secrètes est rempli
de cerveaux vides, dont je ne fais pas le moindre cas,
mais il y a là des directions à donner, des forces à mouvoir. S'il s'y agite quelque chose, c'est ma main qui
remue; s'il s'y prépare un complot, le chef c'est moi :
je suis le chef de la ligue.

MONTESQUIEU.

Et vous croyez que ces cohortes de démocrates, ces
républicains, ces anarchistes, ces terroristes vous lais-

seront approcher et rompre le pain avec eux; vous pouvez croire que ceux qui ne veulent point de domination humaine accepteront un guide qui sera autant dire un maître !

MACHIAVEL.

C'est que vous ne connaissez pas, ô Montesquieu! ce qu'il y a d'impuissance et même de niaiserie chez la plupart des hommes de la démagogie européenne. Ces tigres ont des âmes de mouton, des têtes pleines de vent; il suffit de parler leur langage pour pénétrer dans leurs rangs. Leurs idées ont presque toutes, d'ailleurs, des affinités incroyables avec les doctrines du pouvoir absolu. Leur rêve est l'absorption des individus dans une unité symbolique. Ils demandent la réalisation complète de l'égalité, par la vertu d'un pouvoir qui ne peut être en définitive que dans la main d'un seul homme. Vous voyez que je suis encore ici le chef de leur école! Et puis il faut dire qu'ils n'ont pas le choix. Les sociétés secrètes existeront dans les conditions que je viens de dire ou elles n'existeront pas.

MONTESQUIEU.

La finale du *sic volo sic jubeo* ne se fait jamais attendre longtemps avec vous. Je crois que, décidément, vous voilà bien gardé contre les conjurations.

MACHIAVEL.

Oui, car il est bon de vous dire encore que la législation ne permettra pas les réunions, les conciliabules qui dépasseront un certain nombre de personnes.

MONTESQUIEU.

Combien ?

MACHIAVEL.

Tenez-vous à ces détails? On ne permettra pas de réunion de plus de quinze ou vingt personnes, si vous voulez.

MONTESQUIEU.

Eh quoi! des amis ne pourront dîner ensemble au delà de ce nombre?

MACHIAVEL.

Vous vous alarmez déjà, je le vois bien, au nom de la gaieté gauloise. Eh bien! oui, on le pourra, car mon règne ne sera pas aussi farouche que vous le pensez, mais à une condition, c'est qu'on ne parlera pas politique.

MONTESQUIEU.

On pourra parler littérature?

MACHIAVEL.

Oui, mais à la condition que sous prétexte de littérature on ne se réunira pas dans un but politique, car on peut encore ne pas parler politique du tout et donner néanmoins à un festin un caractère de manifestation qui serait compris du public. Il ne faut pas cela.

MONTESQUIEU.

Hélas! que, dans un pareil système, il est difficile aux citoyens de vivre sans porter ombrage au gouvernement!

MACHIAVEL.

C'est une erreur, il n'y aura que les factieux qui souffriront de ces restrictions; personne autre ne les sentira.

Il va de soi que je ne m'occupe point ici des actes de rébellion contre mon pouvoir, ni des attentats qui auraient pour objet de le renverser, ni des attaques soit contre la personne du prince, soit contre son autorité ou ses institutions. Ce sont là de véritables crimes, qui sont réprimés par le droit commun de toutes les législations. Ils seraient prévus et punis dans mon royaume d'après une classification et suivant des définitions qui ne laisseraient pas prise à la moindre atteinte directe ou indirecte contre l'ordre de choses établi.

MONTESQUIEU.

Permettez-moi de m'en fier à vous, à cet égard, et de ne pas m'enquérir de vos moyens. Il ne suffit pas toutefois d'établir une législation draconienne ; il faut encore trouver une magistrature qui veuille l'appliquer ; ce point n'est pas sans difficulté.

MACHIAVEL.

Il n'y en a là aucune.

MONTESQUIEU.

Vous allez donc détruire l'organisation judiciaire ?

MACHIAVEL.

Je ne détruis rien : je modifie et j'innove.

MONTESQUIEU.

Alors vous établirez des cours martiales, prévôtales, des tribunaux d'exception enfin ?

MACHIAVEL.

Non.

MONTESQUIEU.

Que ferez-vous donc ?

MACHIAVEL.

Il est bon que vous sachiez d'abord que je n'aurai pas besoin de décréter un grand nombre des lois sévères dont je poursuivrai l'application. Beaucoup d'entre elles existeront déjà et seront encore en vigueur ; car tous les gouvernements, libres ou absolus, républicains ou monarchiques, sont aux prises avec les mêmes difficultés ; ils sont obligés, dans les moments de crise, de recourir à des lois de rigueur dont les unes restent, dont les autres s'affaiblissent après les nécessités qui les ont vues naître. On doit faire usage des unes et des autres ; à l'égard des dernières, on rappelle qu'elles n'ont pas été explicitement abrogées, que c'étaient des lois parfaitement sages, que le retour des abus qu'elles prévenaient rend leur application nécessaire. De cete manière le gouvernement ne paraît faire, ce qui sera souvent vrai, qu'un acte de bonne administration.

Vous voyez qu'il ne s'agit que de donner un peu de ressort à l'action des tribunaux, ce qui est toujours facile dans les pays de centralisation où la magistrature se trouve en contact direct avec l'administration, par la voie du ministère dont elle relève.

Quant aux lois nouvelles qui seront faites sous mon règne et qui, pour la plupart, auront été rendues sous forme de simples décrets, l'application n'en sera peut-être pas aussi facile, parce que dans les pays où le magistrat est inamovible, il résiste de lui-même, dans l'interprétation de la loi, à l'action trop directe du pouvoir.

Mais je crois avoir trouvé une combinaison très-ingénieuse, très-simple, en apparence purement réglementaire, qui, sans porter atteinte à l'inamovibilité de la magistrature, modifiera ce qu'il y a de trop absolu dans les conséquences du principe. Je rendrai un décret qui mettra les magistrats à la retraite, quand ils seront arrivés à un certain âge. Je ne doute pas qu'ici encore je n'aie l'opinion avec moi, car c'est un spectacle pénible que de voir, comme cela est si fréquent, le juge qui est appelé à statuer à chaque instant sur les questions les plus hautes et les plus difficiles, tomber dans une caducité d'esprit qui l'en rend incapable.

MONTESQUIEU.

Mais, permettez, j'ai quelques notions sur les choses dont vous parlez. Le fait que vous avancez n'est point du tout conforme à l'expérience. Chez les hommes qui vivent par l'exercice continuel des travaux de l'esprit, l'intelligence ne s'affaiblit pas ainsi ; c'est là, si je puis le dire, le privilége de la pensée chez ceux dont elle devient l'élément principal. Si, chez quelques magistrats, les facultés chancellent avec l'âge, chez le plus grand nombre elles se conservent, et leurs lumières vont toujours en augmentant ; il n'est pas besoin de les remplacer, car la mort fait dans leurs rangs les vides naturels qu'elle doit faire ; mais y eût-il en effet parmi eux autant d'exemples de décadence que vous le prétendez, qu'il vaudrait mille fois mieux, dans l'intérêt d'une bonne justice, souffrir ce mal que d'accepter votre remède.

MACHIAVEL.

J'ai des raisons supérieures aux vôtres.

MONTESQUIEU.

La raison d'Etat ?

MACHIAVEL.

Peut-être. Soyez sûr d'une chose, c'est que, dans cette organisation nouvelle, les magistrats ne dévieront pas plus qu'auparavant, quand il s'agira d'intérêts purement civils ?

MONTESQUIEU.

Qu'en sais-je ? car, d'après vos paroles, je vois déjà qu'ils dévieront quand il s'agira d'intérêts politiques.

MACHIAVEL.

Ils ne dévieront pas ; ils feront leur devoir comme ils doivent le faire, car, en matière politique, il est nécessaire, dans l'intérêt de l'ordre, que les juges soient toujours du côté du pouvoir. Ce serait la pire des choses qu'un souverain pût être atteint par des arrêts factieux dont le pays entier s'emparerait, à l'instant même, contre le gouvernement. Que servirait d'avoir imposé silence à la presse, si elle se retrouvait dans les jugements des tribunaux ?

MONTESQUIEU.

Sous des apparences modestes, votre moyen est donc bien puissant, que vous lui attribuiez une telle portée ?

MACHIAVEL.

Oui, car il fait disparaître cet esprit de résistance, cet esprit de corps toujours si dangereux dans des compagnies judiciaires qui ont conservé le souvenir, peut-

être le culte, des gouvernements passés. Il introduit
dans leur sein une masse d'éléments nouveaux, dont
les influences sont toutes favorables à l'esprit qui anime
mon règne. Chaque année vingt, trente, quarante places
de magistrats qui deviennent vacantes par la mise à la
retraite, entraînent un déplacement dans tout le personnel de la justice qui peut se renouveler ainsi presque
de fond en comble tous les six mois. Une seule vacance,
vous le savez, peut entraîner cinquante nominations
par l'effet successif des titulaires de différents grades,
qui se déplacent. Vous jugez de ce qu'il en peut être
quand ce sont trente ou quarante vacances qui se produisent à la fois. Non-seulement l'esprit collectif dispa-
raît en ce qu'il peut avoir de politique, mais on se rap-
proche plus étroitement du gouvernement, qui dispose
d'un plus grand nombre de siéges. On a des hommes
jeunes qui ont le désir de faire leur chemin, qui ne sont
plus arrêtés dans leur carrière par la perpétuité de
ceux qui les précèdent. Ils savent que le gouvernement
aime l'ordre, que le pays l'aime aussi, et il ne s'agit
que de les servir tous deux, en faisant bonne justice,
quand l'ordre y est intéressé.

MONTESQUIEU.

Mais à moins d'un aveuglement sans nom, on vous
reprochera d'exciter, dans la magistrature, un esprit
de compétition fatal dans les corps judiciaires; je ne
vous montrerai pas quelles en sont les suites, car je crois
que cela ne vous arrêterait pas.

MACHIAVEL.

Je n'ai pas la prétention d'échapper à la critique;
elle m'importe peu, pourvu que je ne l'entende pas.
J'aurais pour principe, en toutes choses, l'irrévocabilité
de mes décisions, malgré les murmures. Un prince qui
agit ainsi est toujours sûr d'imposer le respect de sa
volonté.

QUATORZIEME DIALOGUE.

MACHIAVEL.

Je vous ai déjà dit bien des fois, et je vous le répète encore, que je n'ai pas besoin de tout créer, de tout organiser; que je trouve dans les institutions déjà existantes une grande partie des instruments de mon pouvoir. Savez-vous ce que c'est que la garantie constitutionnelle?

MONTESQUIEU.

Oui, et je le regrette pour vous, car je vous enlève, sans le vouloir, une surprise que vous n'auriez peut-être pas été fâché de me ménager, avec l'habileté de mise en scène qui vous est propre.

MACHIAVEL.

Qu'en pensez-vous?

MONTESQUIEU.

Je pense ce qui est vrai, au moins pour la France, dont vous semblez vouloir parler, c'est que c'est une loi de circonstance qui doit être modifiée, sinon complétement disparaître, sous un régime de liberté constitutionnelle.

MACHIAVEL.

Je vous trouve bien modéré sur ce point. C'est simplement, d'après vos idées, une des restrictions les plus tyranniques du monde. Quoi! lorsque des particuliers seront lésés par des agents du gouvernement dans l'exercice de leurs fonctions, et qu'ils les traduiront devant les tribunaux, les juges devront leur répondre : Nous ne pouvons vous faire droit, la porte du prétoire est fermée : allez demander à l'administration l'autorisation de poursuivre ses fonctionnaires. Mais c'est un véritable déni de justice. Combien de fois arrivera-t-il au gouvernement d'autoriser de semblables poursuites?

MONTESQUIEU.

De quoi vous plaignez-vous? Il me semble que ceci fait très-bien vos affaires.

MACHIAVEL.

Je ne vous ai dit cela que pour vous montrer que, dans des Etats où l'action de la justice rencontre de tels obstacles, un gouvernement n'a pas grand'chose à craindre des tribunaux. C'est toujours comme dispositions transitoires que l'on insère dans les lois de telles exceptions, mais les époques de transition une fois passées, les exceptions restent, et c'est avec raison, car lorsque l'ordre règne, elles ne gênent point, et quand il est troublé elles sont nécessaires.

Il est une autre institution moderne qui ne sert pas avec moins d'efficacité l'action du pouvoir central : c'est la création, auprès des tribunaux, d'une grande magistrature que vous appelez ministère public et qui s'appelait autrefois, avec beaucoup plus de raison, le ministère du roi, parce que cette fonction est essentiellement amovible et révocable au gré du prince. Je n'ai pas besoin de vous dire quelle est l'influence de ce magistrat sur les tribunaux près desquels il siége; elle est considérable. Retenez bien tout ceci. Maintenant je vais vous parler de la cour de cassation, dont je me suis réservé de vous dire quelque chose et qui joue un rôle si considérable dans l'administration de la justice.

La cour de cassation est plus qu'un corps judiciaire : c'est, en quelque sorte, un quatrième pouvoir dans l'Etat, parce qu'il lui appartient de fixer en dernier ressort le sens de la loi. Aussi vous répéterai-je ici ce que je crois vous avoir dit à propos du sénat et de l'assemblée législative : une semblable cour de justice qui serait complétement indépendante du gouvernement pourrait, en vertu de son pouvoir d'interprétation souverain et presque discrétionnaire, le renverser quand elle voudrait. Il lui suffirait pour cela de restreindre ou d'étendre systématiquement, dans le sens de la liberté, les dispositions des lois qui règlent l'exercice des droits politiques.

MONTESQUIEU.

Et c'est apparemment le contraire que vous allez lui demander?

MACHIAVEL.

Je ne lui demanderai rien, elle fera d'elle-même ce qu'il conviendra de faire. Car c'est ici que concourront le plus puissamment les différentes causes d'influence dont je vous ai parlé plus haut. Plus le juge est près du pouvoir, plus il lui appartient. L'esprit conservateur du règne se développera là à un plus haut degré que partout ailleurs, et les lois de haute police politique recevront, dans le sein de cette grande assemblée, une interprétation si favorable à mon pouvoir, que je serai dispensé d'une foule de mesures restrictives qui, sans cela, deviendraient nécessaires.

MONTESQUIEU.

On dirait vraiment, à vous entendre, que les lois sont susceptibles des interprétations les plus fantastiques. Est-ce que les textes législatifs ne sont pas clairs et précis, est-ce qu'ils peuvent se prêter à des extensions ou à des restrictions comme celles que vous indiquez?

MACHIAVEL.

Ce n'est pas à l'auteur de l'*Esprit des lois*, au magistrat expérimenté qui a dû rendre tant d'excellents arrêts, que je puis avoir la prétention d'apprendre ce que c'est que la jurisprudence. Il n'y a pas de texte, si clair qu'il soit, qui ne puisse recevoir les solutions les plus contraires, même en droit civil pur; mais je vous prie de remarquer que nous sommes ici en ma-

tière politique. Or, c'est une habitude commune aux
législateurs de tous les temps, d'adopter, dans quelques-
unes de leurs dispositions, une rédaction assez élastique
pour qu'elle puisse, selon les circonstances, servir à
régir des cas ou à introduire des exceptions sur lesquels
il n'eût pas été prudent de s'expliquer d'une manière
plus précise.

Je sais parfaitement que je dois vous donner des
exemples, car sans cela ma proposition vous paraîtrait
trop vague. L'embarras pour moi est de vous en présenter qui aient un caractère de généralité assez grand
pour me dispenser d'entrer dans de longs détails. En
voici un que je prends de préférence, parce que tout à
l'heure nous avons touché à cette matière.

En parlant de la garantie constitutionnelle vous disiez que cette loi d'exception devrait être modifiée dans
un pays libre.

Eh bien! je suppose que cette loi existe dans l'Etat
que je gouverne, je suppose qu'elle a été modifiée ; ainsi
j'imagine qu'avant moi il a été promulgué une loi qui,
en matière électorale, permettait de poursuivre les
agents du gouvernement sans l'autorisation du conseil
d'Etat.

La question se présente sous mon règne qui, comme
vous le savez, a introduit de grands changements dans
le droit public. On veut poursuivre un fonctionnaire
devant les tribunaux à l'occasion d'un fait électoral ; le
magistrat du ministère public se lève et dit : La faveur
dont on veut se prévaloir n'existe plus aujourd'hui ;
elle n'est plus compatible avec les institutions actuelles.
L'ancienne loi qui dispensait de l'autorisation du conseil d'Etat, en pareil cas, a été implicitement abrogée.
Les tribunaux répondent oui ou non ; en fin de compte
le débat est porté devant la cour de cassation, et cette
haute juridiction fixe ainsi le droit public sur ce point :

L'ancienne loi est abrogée implicitement; l'autorisation du conseil d'Etat est nécessaire pour poursuivre les fonctionnaires publics, même en matière électorale.

Voici un autre exemple, il a quelque chose de plus spécial, il est emprunté à la police de la presse : On m'a dit qu'il y avait en France une loi qui obligeait, sous une sanction pénale, tous les gens faisant métier de distribuer et de colporter des écrits à se munir d'une autorisation délivrée par le fonctionnaire public qui est préposé, dans chaque province, à l'administration générale. La loi a voulu réglementer le colportage et l'astreindre à une étroite surveillance : tel est le but essentiel de cette loi; mais le texte de la disposition porte, je suppose : « Tous distributeurs ou colporteurs « devront être munis d'une autorisation, etc. »

Eh bien! la cour de cassation, si la question lui est proposée, pourra dire : Ce n'est pas seulement le fait professionnel que la loi dont il s'agit a eu en vue. C'est tout fait quelconque de distribution ou de colportage. En conséquence, l'auteur même d'un écrit ou d'un ouvrage qui en remet un ou plusieurs exemplaires, fût-ce à titre d'hommage, sans autorisation préalable, fait acte de distribution et de colportage ; par suite il tombe sous le coup de la disposition pénale.

Vous voyez de suite ce qui résulte d'une semblable interprétation ; au lieu d'une simple loi de police, vous avez une loi restrictive du droit de publier sa pensée par la voie de la presse.

MONTESQUIEU.

Il ne vous manquait plus que d'être juriste !

MACHIAVEL.

Cela est absolument nécessaire. Comment aujourd'hui renverse-t-on les gouvernements? Par des distinctions légales, par des subtilités de droit constitutionnel, en usant contre le pouvoir de tous les moyens, de toutes les armes, de toutes les combinaisons qui ne sont pas directement prohibées par la loi. Et ces artifices de droit, que les partis emploient avec tant d'acharnement contre le pouvoir, vous ne voudriez pas que le pouvoir les employât contre les partis ! Mais la lutte ne serait pas égale, la résistance ne serait même pas possible ; il faudrait abdiquer.

MONTESQUIEU.

Vous avez tant d'écueils à éviter, que c'est un miracle si vous les prévoyez tous. Les tribunaux ne sont pas liés par leurs jugements. Avec une jurisprudence comme celle qui sera appliquée sous votre règne, je vous vois bien des procès sur les bras. Les justiciables ne se lasseront pas de frapper à la porte des tribunaux pour leur demander d'autres interprétations.

MACHIAVEL.

Dans les premiers temps, c'est possible ; mais quand un certain nombre d'arrêts auront définitivement assis la jurisprudence, personne ne se permettra plus ce qu'elle défend, et la source des procès sera tarie. L'opinion sera même tellement apaisée, qu'on s'en rapportera, sur le sens des lois, aux avis officieux de l'administration.

MONTESQUIEU.

Et comment, je vous prie ?

MACHIAVEL.

Dans telles ou telles conjonctures données, quand on aura lieu de craindre que quelque difficulté ne s'élève sur tel ou tel point de législation, l'administration, sous forme d'avis, déclarerera que tel ou tel fait tombe sous l'application de la loi, que la loi s'étend à tel ou tel cas.

MONTESQUIEU.

Mais ce ne sont là que des déclarations qui ne lient en aucune manière les tribunaux.

MACHIAVEL.

Sans aucun doute, mais ces déclarations n'en auront pas moins une très-grande autorité, une très-grande influence sur les décisions de la justice, partant d'une administration aussi puissante que celle que j'ai organisée. Elles auront surtout un très-grand empire sur les résolutions individuelles, et, dans une foule de cas, pour ne pas dire toujours, elles préviendront des procès fâcheux; on s'abstiendra.

MONTESQUIEU.

A mesure que nous avançons, je vois que votre gouvernement devient de plus en plus paternel. Ce sont là des mœurs judiciaires presque patriarcales. Il me paraît impossible, en effet, que l'on ne vous tienne pas compte d'une sollicitude qui s'exerce sous tant de formes ingénieuses.

MACHIAVEL.

Vous voilà pourtant obligé de reconnaître que je suis bien loin des procédés barbares de gouvernement que vous sembliez me prêter au commencement de cet entretien. Vous voyez qu'en tout ceci la violence ne joue aucun rôle; je prends mon point d'appui où chacun le prend aujourd'hui, dans le droit.

MONTESQUIEU.

Dans le droit du plus fort.

MACHIAVEL.

Le droit qui se fait obéir est toujours le droit du plus fort; je ne connais pas d'exception à cette règle.

QUINZIEME DIALOGUE.

MONTESQUIEU.

Quoique nous ayons parcouru un cercle très-vaste, et que vous ayez déjà presque tout organisé, je ne dois pas vous cacher qu'il vous reste encore beaucoup à faire pour me rassurer complétement sur la durée de votre pouvoir. La chose du monde qui m'étonne le plus, c'est que vous lui ayez donné pour base le suffrage populaire, c'est-à-dire, l'élément de sa nature le plus inconsistant que je connaisse. Entendons-nous bien, je vous prie ; vous m'avez dit que vous étiez roi ?

MACHIAVEL.

Oui, roi.

MONTESQUIEU.

A vie ou héréditaire ?

MACHIAVEL.

Je suis roi, comme on est roi dans tous les royaumes du monde, roi héréditaire avec une descendance appelée à me succéder de mâle en mâle, par ordre de progéniture, à l'exclusion perpétuelle des femmes.

MONTESQUIEU.

Vous n'êtes pas galant.

MACHIAVEL.

Permettez, je m'inspire des traditions de la monarchie franque et salienne.

MONTESQUIEU.

Vous m'expliquerez sans doute comment vous croyez pouvoir faire de l'hérédité avec le suffrage démocratique des Etats-Unis ?

MACHIAVEL.

Oui.

MONTESQUIEU.

Comment! vous espérez, avec ce principe, lier la volonté des générations futures?

MACHIAVEL.

Oui.

MONTESQUIEU.

Ce que je voudrais voir quant à présent, c'est la manière dont vous vous en tirerez avec ce suffrage, quand il s'agira de l'appliquer à la nomination des officiers publics?

MACHIAVEL.

Quels officiers publics? Vous savez bien que, dans les Etats monarchiques, c'est le gouvernement qui nomme les fonctionnaires de tous les rangs.

MONTESQUIEU.

Cela dépend de quels fonctionnaires. Ceux qui sont préposés à l'administration des communes sont, en général, nommés par les habitants, même sous les gouvernements monarchiques.

MACHIAVEL.

On changera cela par une loi; ils seront nommés à l'avenir par le gouvernement.

MONTESQUIEU.

Et les représentants de la nation, est-ce aussi vous qui les nommez?

MACHIAVEL.

Vous savez bien que cela n'est pas possible.

MONTESQUIEU.

Alors je vous plains, car si vous abandonnez le suffrage à lui-même, si vous ne trouvez pas ici quelque nouvelle combinaison, l'assemblée des représentants du peuple ne tardera pas, sous l'influence des partis, à se remplir de députés hostiles à votre pouvoir.

MACHIAVEL.

Aussi ne compté-je pas le moins du monde abandonner le suffrage à lui-même.

MONTESQUIEU.

Je m'y attendais. Mais quelle combinaison adópterez-vous ?

MACHIAVEL.

Le premier point est de lier envers le gouvernement ceux qui veulent représenter le pays. J'imposerai aux candidats la solennité du serment. Il n'est pas question ici d'un serment prêté à la nation, comme l'entendaient vos révolutionnaires de 89; je veux un serment de fidélité prêté au prince lui-même et à sa constitution.

MONTESQUIEU.

Mais puisque en politique vous ne craignez pas de violer les vôtres, comment pouvez-vous espérer qu'on se montrera, sur ce point, plus scrupuleux que vous-même ?

MACHIAVEL.

Je compte peu sur la conscience politique des hommes ; je compte sur la puissance de l'opinion : personne n'osera s'avilir devant elle en manquant ouvertement à la foi jurée. On l'osera d'autant moins, que le serment que j'imposerai précédera l'élection au lieu de la suivre, et qu'on sera sans excuse de venir rechercher le suffrage, dans ces conditions, quand on ne sera pas à l'avance décidé à me servir. Il faut maintenant donner au gouvernement le moyen de résister à l'influence de l'opposition, d'empêcher qu'elle ne fasse déserter les rangs de ceux qui veulent le défendre. Au moment des élections, les partis ont pour habitude de proclamer leurs candidats et de les poser en face du gouvernement ; je ferai comme eux, j'aurai des candidats déclarés et je les poserai en face des partis.

MONTESQUIEU.

Si vous n'étiez pas tout-puissant, le moyen serait détestable, car, en offrant ouvertement le combat, vous provoquez les coups.

MACHIAVEL.

J'entends que les agents de mon gouvernement, depuis le premier jusqu'au dernier, s'emploient à faire triompher mes candidats.

MONTESQUIEU.

Cela va de soi, c'est la conséquence.

MACHIAVEL.

Tout est de la plus grande importance en cette matière. « Les lois qui établissent le suffrage sont fonda-
« mentales; la manière dont le suffrage est donné est
« fondamentale; la loi qui fixe la manière de donner
« les billets de suffrage est fondamentale (1). » N'est-
ce pas vous qui avez dit cela?

MONTESQUIEU.

Je ne reconnais pas toujours mon langage quand il passe par votre bouche; il me semble que les paroles que vous citez s'appliquaient au gouvernement démocratique.

MACHIAVEL.

Sans doute, et vous avez déjà pu voir que ma politique essentielle était de m'appuyer sur le peuple; que, quoique je porte une couronne, mon but réel et déclaré est de le représenter. Dépositaire de tous les pouvoirs qu'il m'a délégués, c'est moi seul, en définitive, qui suis son véritable mandataire. Ce que je veux il le veut, ce que je fais il le fait. En conséquence, il est indispensable que lors des élections les factions ne puissent pas substituer leur influence à celle dont je suis la personnification armée. Aussi, ai-je trouvé d'autres moyens encore de paralyser leurs efforts. Il faut que vous sachiez, par exemple, que la loi qui interdit les réunions s'appliquera naturellement à celles qui pourraient être formées en vue des élections. De cette manière, les

_____

(1) *Esp. des Lois*, p. 12 et s., liv. II, et s., ch. II, et s.

partis ne pourront ni se concerter, ni s'entendre.

MONTESQUIEU.

Pourquoi mettez-vous toujours les partis en avant? Sous prétexte de leur imposer des entraves, n'est-ce pas aux électeurs eux-mêmes que vous les imposez? Les partis, en définitive, ne sont que des collections d'électeurs; si les électeurs ne peuvent pas s'éclairer par des réunions, par des pourparlers, comment pourront-ils voter en connaissance de cause?

MACHIAVEL.

Je vois que vous ignorez avec quel art infini, avec quelle astuce les passions politiques déjouent les mesures prohibitives. Ne vous embarrassez pas des électeurs : ceux qui seront animés de bonnes intentions sauront toujours pour qui voter. D'ailleurs, j'userai de tolérance ; non-seulement je n'interdirai pas les réunions qui seront formées dans l'intérêt de mes candidats, mais j'irai jusqu'à fermer les yeux sur les agissements de quelques candidatures populaires qui s'agiteront bruyamment au nom de la liberté; seulement, il est bon de vous dire que ceux qui crieront le plus fort seront des hommes à moi.

MONTESQUIEU.

Et comment réglez-vous le suffrage?

MACHIAVEL.

D'abord, en ce qui touche les campagnes, je ne veux pas que les électeurs aillent voter dans les centres d'agglomération, où ils pourraient se trouver en contact avec l'esprit d'opposition des bourgs ou des villes, et, de là, recevoir la consigne qui viendrait de la capitale; je veux qu'on vote par commune. Le résultat de cette combinaison, en apparence si simple, sera néanmoins considérable.

MONTESQUIEU.

Il est facile de le comprendre, vous obligez le vote

des campagnes à se diviser entre des notoriétés insignifiantes, ou à se reporter, à défaut de noms connus, sur les candidats désignés par votre gouvernement. Je serais bien surpris si, dans ce système, il éclôt beaucoup de capacités ou de talents.

MACHIAVEL.

L'ordre public a moins besoin d'hommes de talent que d'hommes dévoués au gouvernement. La grande capacité siége sur le trône et parmi ceux qui l'entourent; ailleurs elle est inutile; elle est presque nuisible même, car elle ne peut s'exercer que contre le pouvoir.

MONTESQUIEU.

Vos aphorismes tranchent comme l'épée; je n'ai point d'arguments à vous opposer. Reprenez donc, je vous prie, la suite de votre règlement électoral.

MACHIAVEL.

Par les raisons que je viens de vous déduire, je ne veux pas non plus de scrutin de liste qui fausse l'élection, qui permette la coalition d'hommes et de principes. Je diviserai d'ailleurs les colléges électoraux en un certain nombre de circonscriptions administratives, dans lesquelles il n'y aura place que pour l'élection d'un seul député, et où, par suite, chaque électeur ne pourra porter qu'un nom sur son bulletin de vote.

Il faut, de plus, avoir la possibilité de neutraliser l'opposition dans les circonscriptions où elle se ferait trop vivement sentir. Ainsi, je suppose que, dans les élections antérieures, une circonscription se soit fait remarquer par la majorité de ses votes hostiles, ou que l'on ait lieu de prévoir qu'elle se prononcera contre les candidats du gouvernement, rien n'est plus facile que d'y remédier : si cette circonscription n'a qu'un petit chiffre de population, on la rattache à une circonscription voisine ou éloignée, mais beaucoup plus étendue, dans laquelle ses voix sont noyées et où son esprit politique se perd. Si la circonscription hostile, au contraire, a un chiffre de population important, on la fractionne en plusieurs parties que l'on annexe aux circonscriptions voisines, dans lesquelles elle s'annihile complétement.

Je passe, vous le comprenez bien, sur une foule de points de détail qui ne sont que les accessoires de l'ensemble. Ainsi, je divise au besoin les colléges en sections de colléges, pour donner, quand il le faudra, plus de prise à l'action de l'administration, et je fais présider les colléges et les sections de colléges par les officiers municipaux dont la nomination dépend du gouvernement.

MONTESQUIEU.

Je remarque, avec une certaine surprise, que vous n'usez pas ici d'une mesure que vous indiquiez dans le temps à Léon X, et qui consiste dans la substitution des billets de suffrage par les scrutateurs après le vote.

MACHIAVEL.

Ce serait peut-être difficile aujourd'hui, et je crois que l'on ne doit user de ce moyen qu'avec la plus grande prudence. Un gouvernement habile a d'ailleurs tant d'autres ressources ! Sans acheter directement le suffrage, c'est-à-dire à deniers découverts, rien ne lui sera plus facile que de faire voter les populations à son gré au moyen de concessions administratives, en promettant ici un port, là un marché, plus loin une route, un canal ; et à l'inverse, en ne faisant rien pour les villes et les bourgs où le vote sera hostile.

MONTESQUIEU.

Je n'ai rien à reprocher à la profondeur de ces combinaisons ; mais ne craignez-vous pas qu'on ne dise que tantôt vous corrompez et tantôt vous opprimez le suffrage populaire ? Ne craignez-vous pas de compromettre votre pouvoir dans des luttes où il se trouvera

toujours si directement engagé? Le moindre succès
qu'on remportera sur vos candidats sera une éclatante
victoire qui mettra votre gouvernement en échec. Ce
qui ne cesse de m'inquiéter pour vous, c'est que je vous
vois toujours obligé de réussir en toutes choses, sous
peine d'un désastre.

MACHIAVEL.

Vous tenez le langage de la peur ; rassurez-vous. Au
point où j'en suis arrivé, j'ai réussi dans tant de choses,
que je ne puis pas périr par les infiniment petits. Le
grain de sable de Bossuet n'est pas fait pour les véritables hommes politiques. Je suis si avancé dans ma carrière que je pourrais, sans danger, braver même des
orages ; que signifient donc les infimes embarras d'administration dont vous parlez? Croyez-vous que j'aie
la prétention d'être parfait? Ne sais-je pas bien qu'il
se commettra plus d'une faute autour de moi? Non,
sans doute, je ne pourrai pas faire qu'il n'y ait çà et là
quelques pillages, quelques scandales. Cela empê-
chera-t-il que l'ensemble des affaires ne marche et ne
marche bien? L'essentiel est bien moins de ne commettre aucune faute que d'en supporter la responsabilité avec une attitude d'énergie qui impose aux détracteurs. Quand même l'opposition parviendrait à
introduire dans ma chambre quelques déclamateurs,
que m'importerait? Je ne suis pas de ceux qui veulent
compter sans les nécessités de leur temps.

Un de mes grands principes est d'opposer les semblables. De même que j'use la presse par la presse,
j'userais la tribune par la tribune ; j'aurais autant qu'il
en faudrait d'hommes dressés à la parole et capables de
parler plusieurs heures sans s'arrêter. L'essentiel est
d'avoir une majorité compacte et un président dont on
soit sûr. Il y a un art particulier de conduire les débats
et d'enlever le vote. Aurais-je besoin d'ailleurs des

artifices de la stratégie parlementaire? Les dix-neuf
vingtièmes de la chambre seraient des hommes à moi
qui voteraient sur une consigne, tandis que je ferais
mouvoir les fils d'une opposition factice et clandestinement embauchée ; après cela, qu'on vienne faire de
beaux discours : ils entreront dans les oreilles de mes
députés comme le vent entre dans le trou d'une serrure.
Voulez-vous maintenant que je vous parle de mon
sénat?

MONTESQUIEU.

Non, je sais par Caligula ce que ce peut être.

SEIZIEME DIALOGUE.

MONTESQUIEU.

Un des points saillants de votre politique, c'est l'anéantissement des partis et la destruction des forces collectives. Vous n'avez point failli à ce programme ; cependant, je vois encore autour de vous des choses auxquelles vous n'avez point touché. Ainsi vous n'avez encore porté la main ni sur le clergé, ni sur l'Université, ni sur le barreau, ni sur les milices nationales, ni sur les corporations commerciales ; il me semble, cependant, qu'il y a là plus d'un élément dangereux.

MACHIAVEL.

Je ne puis vous dire tout à la fois. Venons de suite aux milices nationales, car je ne devrais plus avoir à m'en occuper ; leur dissolution a été nécessairement un des premiers actes de mon pouvoir. L'organisation d'une garde citoyenne ne saurait se concilier avec l'existence d'une armée régulière, car, les citoyens en armes pourraient, à un moment donné, se transformer en factieux. Ce point, cependant, n'est pas sans difficulté. La garde nationale est une institution inutile, mais elle porte un nom populaire. Dans les Etats militaires, elle flatte les instincts puérils de certaines classes bourgeoises, qui, par un travers assez ridicule, allient le goût des démonstrations guerrières aux habitudes commerciales. C'est là un préjugé inoffensif, il serait d'autant plus maladroit de le heurter, que le prince ne doit jamais avoir l'air de séparer ses intérêts de ceux de la cité qui croit trouver une garantie dans l'armement de ses habitants.

MONTESQUIEU.

Mais puisque vous dissolvez cette milice.

MACHIAVEL.

Je la dissous pour la réorganiser sur d'autres bases. L'essentiel est de la mettre sous les ordres immédiats des agents de l'autorité civile et de lui ôter la prérogative de recruter ses chefs par la voie de l'élection; c'est ce que je fais. Je ne l'organiserai, d'ailleurs, que dans les lieux où il conviendra, et je me réserve le droit de la dissoudre de nouveau et de la rétablir sur d'autres bases encore, si les circonstances l'exigent. Je n'ai rien à vous dire de plus sur ce point. En ce qui touche l'Université, l'ordre de choses actuel me satisfait à peu près. Vous n'ignorez pas, en effet, que ces grands corps d'enseignement ne sont plus organisés, aujourd'hui, comme ils l'étaient autrefois. Ils ont presque partout, m'assure-t-on, perdu leur autonomie et ne sont plus que des services publics à la charge de l'Etat. Or, ainsi que je vous l'ai dit plus d'une fois, là où est l'Etat, là est le prince; la direction morale des établissements publics est entre ses mains; ce sont ses agents qui inspirent l'esprit de la jeunesse. Les chefs comme les membres des corps enseignants de tous les degrés sont nommés par le gouvernement, ils y sont rattachés, ils en dépendent, cela suffit; s'ils reste çà et là quelques traces d'organisation indépendante dans quelque école publique ou académie que ce soit, il est facile de la ramener au centre commun d'unité et de direction. C'est l'affaire d'un règlement ou même d'un simple arrêté ministériel. Je passe à tire-d'aile sur des détails qui ne peuvent pas appeler mes regards de plus près. Cependant, je ne dois pas abandonner ce sujet sans vous dire que je regarde comme très-important de proscrire, dans l'enseignement du droit, les études de politique constitutionnelle.

MONTESQUIEU.

Vous avez en effet d'assez bonnes raisons pour cela.

MACHIAVEL.

Mes raisons sont fort simples ; je ne veux pas qu'au sortir des écoles, les jeunes gens s'occupent de politique à tort et à travers ; qu'à dix-huit ans, on se mêle de faire des constitutions comme on fait des tragédies. Un tel enseignement ne peut que fausser les idées de la jeunesse et l'initier prématurément à des matières qui dépassent la mesure de sa raison. C'est avec ces notions mal digérées, mal comprises, qu'on prépare de faux hommes d'Etat, des utopistes dont les témérités d'esprit se traduisent plus tard par des témérités d'action.

Il faut que les générations qui naissent sous mon règne soient élevées dans le respect des institutions établies, dans l'amour du prince ; aussi ferais-je un usage assez ingénieux du pouvoir de direction qui m'appartient sur l'enseignemeut : je crois qu'en général dans les écoles on a un grand tort, c'est de négliger l'histoire contemporaine. Il est au moins aussi essentiel de connaître son temps que celui de Périclès ; je voudrais que l'histoire de mon règue fût enseignée, moi vivant, dans les écoles. C'est ainsi qu'un prince nouveau entre dans le cœur d'une génération.

MONTESQUIEU.

Ce serait, bien entendu, une apologie perpétuelle de tous vos actes ?

MACHIAVEL.

Il est évident que je ne me ferais pas dénigrer. L'autre moyen que j'emploierais aurait pour but de réagir contre l'enseignement libre, que l'on ne peut pas directement proscrire. Les universités renferment des armées de professeurs dont on peut, en dehors des classes, utiliser les loisirs pour la propagation des bonnes doctrines. Je leur ferais ouvrir des cours libres dans toutes les villes importantes, je mobiliserais ainsi l'instruction et l'influence du gouvernement.

MONTESQUIEU.

En d'autres termes, vous absorbez, vous confisquez à votre profit même les dernières lueurs d'une pensée indépendante.

MACHIAVEL.

Je ne confisque rien du tout.

MONTESQUIEU.

Permettez-vous à d'autres professeurs que les vôtres de vulgariser la science par les mêmes moyens, et cela sans brevet, sans autorisation?

MACHIAVEL.

Quoi! voulez-vous donc que j'autorise des clubs?

MONTESQUIEU.

Non, passez donc à un autre objet.

MACHIAVEL.

Parmi la multitude de mesures réglementaires que réclame le salut de mon gouvernement, vous avez appelé mon attention sur le barreau : c'est étendre l'action de ma main au delà de ce qui est nécessaire pour le moment; je touche ici d'ailleurs à des intérêts civils, et vous savez qu'en cette matière, ma règle de conduite est de m'abstenir autant que possible. Dans les Etats où le barreau est constitué en corporation, les justiciables regardent l'indépendance de cette institution comme une garantie inséparable du droit de la défense devant les tribunaux, qu'il s'agisse de leur honneur, de leur intérêt ou de leur vie. Il est bien grave d'intervenir ici, car l'opinion pourrait s'alarmer sur un cri que ne manquerait pas de jeter la corporation tout entière. Cependant, je n'ignore pas que cet ordre sera un foyer d'influences constamment hostiles à mon pouvoir. Cette profession, vous le savez mieux que moi, Montesquieu, développe des caractères froids et opiniâtres dans leurs principes, des esprits dont la tendance est de rechercher dans les actes du pouvoir l'élément de la légalité pure. L'avocat n'a pas au même degré que le magistrat le sens élevé des nécessités sociales ; il voit la loi de trop près et par des côtés trop petits pour en avoir le sentiment juste, tandis que le magistrat...

MONTESQUIEU.

Epargnez l'apologie.

MACHIAVEL.

Oui, car je n'oublie pas que je suis devant un descendant de ces grands magistrats qui soutinrent avec tant d'éclat, en France, le trône de la monarchie.

MONTESQUIEU.

Et qui se montrèrent rarement faciles à l'enregistrement des édits, quand ils violaient la loi de l'Etat.

MACHIAVEL.

C'est ainsi qu'ils ont fini par renverser l'Etat lui-même. Je ne veux pas que mes cours de justice soient des parlements et que les avocats, sous l'immunité de leur robe, y fassent de la politique. Le plus grand homme du siècle, auquel votre patrie a eu l'honneur de donner le jour, disait : *Je veux que l'on puisse couper la langue à un avocat qui dit du mal du gouvernement.* Les mœurs modernes sont plus douces, je n'irais pas jusque-là. Au premier jour, et dans les circonstances qui conviendront, je me bornerai à faire une chose bien simple : je rendrai un décret qui, tout en respectant l'indépendance de la corporation, soumettra néanmoins les avocats à recevoir du souverain l'investiture de leur profession. Dans l'exposé des motifs de mon décret, il ne sera pas, je crois, bien difficile de démontrer aux justiciables qu'ils trouveront dans ce mode de nomination une garantie plus sérieuse que quand la corporation se recrute d'elle-même, c'est-à-dire avec des éléments nécessairement un peu confus.

MONTESQUIEU.

Il n'est que trop vrai que l'on peut prêter aux mesures les plus détestables le langage de la raison ! Mais voyons, qu'allez-vous faire maintenant à l'égard du clergé ? Voilà une institution qui ne dépend de l'Etat que par un côté et qui relève d'une puissance spirituelle, dont le siége est ailleurs que chez vous. Je ne connais rien de plus dangereux pour votre pouvoir, je vous le déclare, que cette puissance qui parle au nom du ciel et dont les racines sont partout sur la terre : n'oubliez pas que la parole chrétienne est une parole de liberté. Sans doute, les lois de l'Etat ont établi une démarcation profonde entre l'autorité religieuse et l'autorité politique ; sans doute, la parole des ministres du culte ne se fera entendre qu'au nom de l'Evangile ; mais le spiritualisme divin qui s'en dégage est la pierre d'achoppement du matérialisme politique. C'est ce livre si humble et si doux qui a détruit, à lui seul, et l'empire romain, et le césarisme, et sa puissance. Les nations franchement chrétiennes échapperont toujours au despotisme, car le christianisme élève la dignité de l'homme trop haut pour que le despotisme puisse l'atteindre, car il développe des forces morales sur lesquelles le pouvoir humain n'a pas de prise (1). Prenez garde au prêtre : il ne dépend que de Dieu, et son influence est partout, dans le sanctuaire, dans la famille, dans l'école. Vous ne pouvez rien sur lui : sa hiérarchie n'est pas la vôtre, il obéit à une constitution qui ne se tranche ni par la loi ni par l'épée. Si vous régnez sur une nation catholique et que vous ayez le clergé pour ennemi, vous périrez tôt ou tard, quand bien même le peuple entier serait pour vous.

MACHIAVEL.

Je ne sais pas trop pourquoi il vous plaît de faire du

(1) *Esp. des Lois*, p. 571, liv. XXIV, ch. I et suiv.

prêtre un apôtre de liberté. Je n'ai jamais vu cela, ni dans les temps anciens, ni dans les temps modernes ; j'ai toujours trouvé dans le sacerdoce un appui naturel du pouvoir absolu.

Remarquez-le bien, si, dans l'intérêt de mon établissement, j'ai dû faire des concessions à l'esprit démocratique de mon époque, si j'ai pris le suffrage universel pour base de mon pouvoir, ce n'est qu'un artifice commandé par les temps, je n'en réclame pas moins le bénéfice du droit divin, je n'en suis pas moins roi par la grâce de Dieu. A ce titre, le clergé doit donc me soutenir, car mes principes d'autorité sont conformes aux siens. Si, cependant, il se montrait factieux, s'il profitait de son influence pour faire une guerre sourde à mon gouvernement...

MONTESQUIEU.

Eh bien ?

MACHIAVEL.

Vous qui parlez de l'influence du clergé, vous ignorez donc à quel point il a su se rendre impopulaire dans quelques Etats catholiques ? En France, par exemple, le journalisme et la presse l'ont tellement perdu dans l'esprit des masses, ils ont tellement ruiné sa mission, que si je régnais dans son royaume, savez-vous bien ce que je pourrais faire ?

MONTESQUIEU.

Quoi ?

MACHIAVEL.

Je pourrais provoquer, dans l'Eglise, un schisme qui briserait tous les liens qui rattachent le clergé à la cour de Rome, car c'est là qu'est le nœud gordien. Je ferais tenir par ma presse, par mes publicistes, par mes hommes politiques le langage que voici : « Le christianisme est indépendant du catholicisme ; ce que le catholicisme défend, le christianisme le permet ; l'indé-

pendance du clergé, sa soumission à la cour de Rome,
sont des dogmes purement catholiques ; un tel ordre de
choses est une menace perpétuelle contre la sûreté de
l'Etat. Les fidèles du royaume ne doivent pas avoir
pour chef spirituel un prince étranger ; c'est laisser
l'ordre intérieur à la discrétion d'une puissance qui peut
être hostile à tout moment ; cette hiérarchie du moyen
âge, cette tutelle des peuples en enfance ne peut plus
se concilier avec le génie viril de la civilisation moderne, avec ses lumières et son indépendance. Pourquoi
aller chercher à Rome un directeur des consciences?
Pourquoi le chef de l'autorité politique ne serait-il pas
en même temps le chef de l'autorité religieuse ? Pourquoi le souverain ne serait-il pas pontife ? » Tel est le
langage que l'on pourrait faire tenir à la presse, à la
presse libérale surtout, et ce qu'il y a de très-probable,
c'est que la masse du peuple l'entendrait avec joie.

MONTESQUIEU.

Si vous pouviez le croire et si vous osiez tenter une
semblable entreprise, vous apprendriez promptement et
d'une manière à coup sûr terrible, ce qu'est la puissance du catholicisme, même chez les nations où il
paraît affaibli (1).

MACHIAVEL.

Le tenter, grand Dieu ! Mais je demande pardon, à
genoux, à notre divin maître, d'avoir seulement exposé
cette doctrine sacrilége, inspirée par la haine du catholicisme ; mais Dieu, qui a institué le pouvoir humain,
ne lui défend pas de se garantir des entreprises du
clergé, qui enfreint d'ailleurs les préceptes de l'Evangile quand il manque de subordination envers le prince.
Je sais bien qu'il ne conspirera que par une influence
insaisissable, mais je trouverais le moyen d'arrêter,

---

(1) *Esp. des Lois*, p. 595, livre XXV, chap. XII.

même au sein de la cour de Rome, l'intention qui dirige l'influence.

MONTESQUIEU.

Comment?

MACHIAVEL.

Il me suffirait d'indiquer du doigt au Saint-Siége l'état moral de mon peuple, frémissant sous le joug de l'Eglise, aspirant à le briser, capable de se démembrer à son tour du sein de l'unité catholique, de se jeter dans le schisme de l'Eglise grecque ou protestante.

MONTESQUIEU.

La menace au lieu de l'action!

MACHIAVEL.

Combien vous vous trompez, Montesquieu, et à quel point ne méconnaissez-vous pas mon respect pour le trône pontifical! Le seul rôle que je veuille jouer, la seule mission qui m'appartienne à moi souverain catholique, ce serait précisément d'être le défenseur de l'Eglise. Dans les temps actuels, vous le savez, le pouvoir temporel est gravement menacé, et par la haine irreligieuse, et par l'ambition des pays du nord de l'Italie. Eh bien, je dirais au Saint-Père : Je vous soutiendrai contre eux tous, je vous sauverai, c'est mon devoir, c'est ma mission, mais du moins ne m'attaquez pas, soutenez moi de votre influence morale ; serait-ce trop demander quand moi-même j'exposerais ma popularité en me portant pour défenseur du pouvoir temporel, complétement discrédité aujourd'hui, hélas! aux yeux de ce qu'on appelle la démocratie européenne. Ce péril ne m'arrêterait point; non-seulement je tiendrais en échec, de la part des Etats voisins, toute entreprise contre la souveraineté du Saint-Siége, mais si, par malheur, il était attaqué, si le Pape venait à être chassé des Etats pontificaux, comme cela s'est déjà vu, mes baïonnettes seules l'y ramèneraient et l'y maintiendraient toujours, moi durant.

MONTESQUIEU.

En effet, ce serait un coup de maître, car si vous teniez à Rome une garnison perpétuelle, vous disposeriez presque du Saint-Siége, comme s'il résidait dans quelque province de votre royaume.

MACHIAVEL.

Croyez-vous qu'après un tel service rendu à la papauté, elle refuserait de soutenir mon pouvoir, que le Pape même, au besoin, refuserait de venir me sacrer dans ma capitale? De tels événements sont-ils sans exemple dans l'histoire?

MONTESQUIEU.

Oui, tout se voit dans l'histoire. Mais enfin, si au lieu de trouver dans la chaire de Saint-Pierre un Borgia ou un Dubois, comme vous paraissez y compter, vous aviez en face de vous un pape qui résistât à vos intrigues et bravât votre colère, que feriez-vous?

MACHIAVEL.

Alors, il faudrait bien s'y résoudre ; sous prétexte de défendre le pouvoir temporel, je déterminerais sa chute.

MONTESQUIEU.

Vous avez ce qu'on appelle du génie.

DIX-SEPTIEME DIALOGUE.

MONTESQUIEU.

J'ai dit que vous avez du génie; il en faut, vraiment, d'une certaine sorte, pour concevoir et exécuter tant de choses. Je comprends maintenant l'apologue du dieu Wishnou; vous avez cent bras comme l'idole indienne, et chacun de vos doigts touche un ressort. De même que vous touchez tout, pourrez-vous aussi tout voir?

MACHIAVEL.

Oui, car je ferai de la police une institution si vaste, qu'au cœur de mon royaume la moitié des hommes verra l'autre. Me permettez-vous quelques détails sur l'organisation de ma police?

MONTESQUIEU.

Faites.

MACHIAVEL.

Je commencerai par créer un ministère de la police, qui sera le plus important de mes ministères et qui centralisera, tant pour l'extérieur que pour l'intérieur, les nombreux services dont je doterai cette partie de mon administration.

MONTESQUIEU.

Mais si vous faites cela, vos sujets verront immédiatement qu'ils sont enveloppés dans un effroyable réseau.

MACHIAVEL.

Si ce ministère déplaît, je l'abolirai et je l'appellerai, si vous voulez, ministère d'Etat. J'organiserai d'ailleurs dans les autres ministères des services correspondants, dont la plus grande partie sera fondue, sans bruit, dans ce que vous appelez aujourd'hui ministère de l'intérieur et ministère des affaires étrangères. Vous entendez parfaitement qu'ici je ne m'occupe point de diplomatie, mais uniquement des moyens propres à assurer ma sécurité contre les factions, tant à l'extérieur qu'à l'intérieur. Eh bien! croyez-le, sous ce rapport, je trouverai la plupart des monarques à peu près dans la même situation que moi, c'est-à-dire très-disposés à seconder mes vues, qui consisteraient à créer des services de police internationale dans l'intérêt d'une sûreté réciproque. Si, comme je n'en doute guère, je parvenais à atteindre ce résultat, voici quelques-unes des formes sous lesquelles se produirait ma police à l'extérieur : Hommes de plaisir et de bonne compagnie dans les cours étrangères, pour avoir l'œil sur les intrigues des princes et des prétendants exilés ; révolutionnaires proscrits dont, à prix d'argent, je ne désespérerais pas d'amener quelques-uns à me servir d'agents de transmission à l'égard des menées de la démagogie ténébreuse ; établissement de journaux politiques dans les grandes capitales ; imprimeurs et libraires placés dans les mêmes conditions et secrètement subventionnés pour suivre de plus près, par la presse, le mouvement de la pensée.

MONTESQUIEU.

Ce n'est plus contre les factions de votre royaume, c'est contre l'âme même de l'humanité que vous finirez par conspirer.

MACHIAVEL.

Vous le savez, je ne m'effraie pas beaucoup des grands mots. Je veux que tout homme politique, qui voudra aller cabaler à l'étranger, puisse être observé, signalé de distance en distance, jusqu'à son retour dans mon royaume, où on l'incarcérera bel et bien pour qu'il

DIX-SEPTIEME DIALOGUE 155

ne soit pas en mesure de recommencer. Pour avoir
mieux en main le fil des intrigues révolutionnaires, je
rêve une combinaison qui serait, je crois, assez habile.

MONTESQUIEU.

Et quoi donc, grand Dieu !

MACHIAVEL.

Je voudrais avoir un prince de ma maison, assis sur
les marches de mon trône, qui jouerait au mécontent.
Sa mission consisterait à se poser en libéral, en détrac-
teur de mon gouvernement, et à rallier ainsi, pour les
observer de plus près, ceux qui, dans les rangs les plus
élevés de mon royaume, pourraient faire un peu de
démagogie. A cheval sur les intrigues intérieures et
extérieures, le prince auquel je confierais cette mission
ferait ainsi jouer un jeu de dupe à ceux qui ne seraient
pas dans le secret de la comédie.

MONTESQUIEU.

Quoi ! c'est à un prince de votre maison que vous
confieriez des attributions que vous classez vous-même
dans la police ?

MACHIAVEL.

Et pourquoi non ? Je connais des princes régnants
qui, dans l'exil, ont été attachés à la police secrète de
certains cabinets.

MONTESQUIEU.

Si je continue à vous écouter, Machiavel, c'est
pour avoir le dernier mot de cette effroyable gageure.

MACHIAVEL.

Ne vous indignez pas, monsieur de Montesquieu;
dans l'*Esprit des Lois*, vous m'avez appelé grand
homme (1).

MONTESQUIEU.

Vous me le faites expier chèrement; c'est pour ma

(1) *Esp. des Lois*, p. 68, liv. VI, chap. V.

punition que je vous écoute. Passez le plus vite que
vous pourrez sur tant de détails sinistres.

MACHIAVEL.

A l'intérieur, je suis obligé de rétablir le cabinet
noir.

MONTESQUIEU.

Rétablissez.

MACHIAVEL.

Vos meilleurs rois en faisaient usage. Il ne faut pas
que le secret des lettres puisse servir à couvrir des
complots.

MONTESQUIEU.

C'est là ce qui vous fait trembler, je le comprends.

MACHIAVEL.

Vous vous trompez, car il y aura des complots sous
mon règne : il faut qu'il y en ait.

MONTESQUIEU.

Qu'est-ce encore ?

MACHIAVEL.

Il y aura peut-être des complots vrais, je n'en
réponds pas ; mais à coup sûr il y aura des complots
simulés. A de certains moments, ce peut être un excel-
lent moyen pour exciter la sympathie du peuple en
faveur du prince, lorsque sa popularité décroît. En
intimidant l'esprit public, on obtient, au besoin, par
là, les mesures de rigueur que l'on veut, ou l'on maintient celles qui existent. Les fausses conspirations, dont,
bien entendu, il ne faut user qu'avec la plus grande
mesure, ont encore un autre avantage : c'est qu'elles
permettent de découvrir les complots réels, en donnant
lieu à des perquisitions qui conduisent à rechercher
partout la trace de ce qu'on soupçonne.

Rien n'est plus précieux que la vie du souverain : il
faut qu'elle soit environnée d'innombrables garanties,
c'est-à-dire d'innombrables agents, mais il est néces-

saire en même temps que cette milice secrète soit assez habilement dissimulée pour que le souverain n'ait pas l'air d'avoir peur quand il se montre en public. On m'a dit qu'en Europe les précautions à cet égard étaient tellement perfectionnées, qu'un prince qui sort dans les rues, pouvait avoir l'air d'un simple particulier, qui se promène, sans garde, dans la foule, alors qu'il est environné de deux ou trois mille protecteurs.

J'entends, du reste, que ma police soit parsemée dans tous les rangs de la société. Il n'y aura pas de conciliabule, pas de comité, pas de salon, pas de foyer intime où il ne se trouve une oreille pour recueillir ce qui se dit en tout lieu, à toute heure. Hélas! pour ceux qui ont manié le pouvoir, c'est un phénomène étonnant que la facilité avec laquelle les hommes se font les délateurs les uns des autres. Ce qui est plus étonnant encore, c'est la faculté d'observation et d'analyse qui se développe chez ceux qui font état de la police politique; vous n'avez aucune idée de leurs ruses, de leurs déguisements, de leurs instincts, de la passion qu'ils apportent dans leurs recherches, de leur patience, de leur impénétrabilité; il y a des hommes de tous les rangs qui font ce métier, comment vous dirai-je? par une sorte d'amour de l'art.

MONTESQUIEU.

Ah! tirez le rideau!

MACHIAVEL.

Oui, car il y a là, dans les bas-fonds du pouvoir, des secrets qui terrifient le regard. Je vous épargne de plus sombres choses que vous n'en avez entendues. Avec le système que j'organiserai, je serai si complétement renseigné, que je pourrai tolérer même des agissements coupables, parce qu'à chaque minute du jour j'aurai le pouvoir de les arrêter.

MONTESQUIEU.

Les tolérer, et pourquoi?

MACHIAVEL.

Parce que dans les Etats européens le monarque absolu ne doit pas indiscrètement user de la force ; parce qu'il y a toujours, dans le fond de la société, des activités souterraines sur lesquelles on ne peut rien quand elles ne se formulent pas ; parce qu'il faut éviter avec grand soin d'alarmer l'opinion sur la sécurité du pouvoir ; parce que les partis se contentent de murmures, de taquineries inoffensives, quand ils sont réduits à l'impuissance, et que prétendre désarmer jusqu'à leur mauvaise humeur, serait une folie. On les entendra donc se plaindre, çà et là, dans les journaux, dans les livres ; ils essaieront des allusions contre le gouvernement dans quelques discours ou dans quelques plaidoyers ; ils feront, sous divers prétextes, quelques petites manifestations d'existence ; tout cela sera bien timide, je vous le jure, et le public, s'il en est informé, ne sera guère tenté que d'en rire. On me trouvera bien bon de supporter cela, je passerai pour trop débonnaire ; voilà pourquoi je tolérerai ce qui, bien entendu, me paraîtra devoir l'être sans aucun danger : je ne veux pas même que l'on puisse dire que mon gouvernement est ombrageux.

MONTESQUIEU.

Ce langage me rappelle que vous avez laissé une lacune, et une lacune fort grave, dans vos décrets.

MACHIAVEL.

Laquelle?

MONTESQUIEU.

Vous n'avez pas touché à la liberté individuelle.

MACHIAVEL.

Je n'y toucherai pas.

MONTESQUIEU.

Le croyez-vous? Si vous vous êtes réservé la faculté
de tolérer, vous vous êtes principalement réservé le
droit d'empêcher tout ce qui vous paraîtrait dangereux.
Si l'intérêt de l'Etat, ou même un soin un peu pressant,
exige qu'un homme soit arrêté, à la minute même,
dans votre royaume, comment pourra-t-on le faire s'il
y a dans la législation quelque loi d'*habeas corpus*; si
l'arrestation individuelle est précédée de certaines for-
malités, de certaines garanties? Pendant qu'on y pro-
cédera, le temps se passera.

MACHIAVEL.

Permettez; si je respecte la liberté individuelle, je
ne m'interdis pas à cet égard quelques modifications
utiles à l'organisation judiciaire.

MONTESQUIEU.

Je le savais bien.

MACHIAVEL.

Oh! ne triomphez pas, ce sera la chose la plus simple
du monde. Qui est-ce qui statue en général sur la
liberté individuelle, dans vos Etats parlementaires?

MONTESQUIEU.

C'est un conseil de magistrats, dont le nombre et
l'indépendance sont la garantie des justiciables.

MACHIAVEL.

C'est une organisation à coup sûr vicieuse, car, comment voulez-vous qu'avec la lenteur des délibérations
d'un conseil, la justice puisse avoir la rapidité d'ap-
préhension nécessaire sur les malfaiteurs?

MONTESQUIEU.

Quels malfaiteurs?

MACHIAVEL.

Je parle des gens qui commettent des meurtres, des
vols, des crimes et des délits justiciables du droit commun. Il faut donner à cette juridiction l'unité d'action

qui lui est nécessaire : je remplace votre conseil par un magistrat unique, chargé de statuer sur l'arrestation des malfaiteurs.

MONTESQUIEU.

Mais il ne s'agit pas ici de malfaiteurs; à l'aide de cette disposition, vous menacez la liberté de tous les citoyens; faites au moins une distinction sur le titre de l'accusation.

MACHIAVEL.

C'est justement ce que je ne veux pas faire. Est-ce que celui qui entreprend quelque chose contre le gouvernement n'est pas autant et plus coupable que celui qui commet un crime ou un délit ordinaire ? La passion ou la misère atténuent bien des fautes, mais qu'est-ce qui force les gens à s'occuper de politique ? Aussi je ne veux plus de distinction entre les délits de droit commun et les délits politiques. Où donc les gouvernements modernes ont-ils l'esprit, d'élever des espèces de tribunes criminelles à leurs détracteurs ? Dans mon royaume, le journaliste insolent sera confondu, dans les prisons, avec le simple larron, et comparaîtra à côté de lui, devant la juridiction correctionnelle. Le conspirateur s'assiéra devant le jury criminel, côte à côte avec le faussaire, avec le meurtrier. C'est là une excellente modification législative, remarquez-le, car l'opinion publique, en voyant traiter le conspirateur à l'égal du malfaiteur ordinaire, finira par confondre les deux genres dans le même mépris.

MONTESQUIEU.

Vous ruinez la base même du sens moral; mais que vous importe? Ce qui m'étonne, c'est que vous conserviez un jury criminel.

MACHIAVEL.

Dans les Etats centralisés comme le mien, ce sont les fonctionnaires publics qui désignent les membres du jury. En matière de simple délit politique, mon ministre de la justice pourra toujours, quand il le faudra, composer la chambre des juges appelés à en connaître.

MONTESQUIEU.

Votre législation intérieure est irréprochable ; il est temps de passer à d'autres objets.

TROISIEME PARTIE

—

DIX-HUITIEME DIALOGUE.

MONTESQUIEU.

Jusqu'à présent vous ne vous êtes occupé que des formes de votre gouvernement et des lois de rigueur, nécessaires pour le maintenir. C'est beaucoup; ce n'est rien encore. Il vous reste à résoudre le plus difficile de tous les problèmes, pour un souverain qui veut affecter le pouvoir absolu dans un Etat européen façonné aux mœurs représentatives.

MACHIAVEL.

Quel est donc ce problème?

MONTESQUIEU.

C'est celui de vos finances.

MACHIAVEL.

Cette question n'est point restée étrangère à mes préoccupations, car je me souviens de vous avoir dit que tout, en définitive, se résoudrait par une question de chiffres.

MONTESQUIEU.

Fort bien, mais ici c'est la nature même des choses qui va vous résister.

MACHIAVEL.

Vous m'inquiétez, je vous l'avoue, car je date d'un

siècle de barbarie sous le rapport de l'économie politique et j'entends fort peu de chose à ces matières.

MONTESQUIEU.

Je me rassure pour vous. Permettez-moi toutefois de
vous adresser une question. Je me souviens d'avoir
écrit, dans l'*Esprit des Lois,* que le monarque absolu
était astreint, par le principe de son gouvernement, à
n'imposer que de faibles tributs à ses sujets (1). Don-
nerez-vous du moins aux vôtres cette satisfaction ?

MACHIAVEL.

Je ne m'y engage pas et je ne connais rien, en vérité,
de plus contestable que la proposition que vous avez
émise là. Comment voulez-vous que l'appareil du pouvoir monarchique, l'éclat et la représentation d'une
grande cour, puissent exister sans imposer à une nation
de lourds sacrifices ? Votre thèse peut être vraie en Turquie, en Perse, que sais-je ! chez de petits peuples sans
industrie, qui n'auraient d'ailleurs pas le moyen de
payer l'impôt ; mais dans les sociétés européennes, où
la richesse déborde des sources du travail, et se présente sous tant de formes à l'impôt, où le luxe est un
moyen de gouvernement, où l'entretien et la dépense
de tous les services publics sont centralisés entre les
mains de l'Etat, où toutes les hautes charges, toutes
les dignités sont salariées à grands frais, comment voulez-vous encore une fois que l'on se borne à de modi-
ques tributs, comme vous dites, quand, avec cela, on
est souverain maître ?

MONTESQUIEU.

C'est très-juste et je vous abandonne ma thèse, dont
le véritable sens vous a d'ailleurs échappé. Ainsi, votre
gouvernement coûtera cher ; il est évident qu'il coûtera plus cher qu'un gouvernement représentatif.

---

(1) *Esprit des Lois,* p. 80, chap. X, liv. XIII.

MACHIAVEL.

C'est possible.

MONTESQUIEU.

Oui, mais c'est ici que commence la difficulté. Je sais comment les gouvernements représentatifs pourvoient à leurs besoins financiers, mais je n'ai aucune idée des moyens d'existence du pouvoir absolu dans les sociétés modernes. Si j'interroge le passé, je vois très-clairement qu'il ne peut subsister qu'aux conditions suivantes : il faut, en premier lieu, que le monarque absolu soit un chef militaire, vous le reconnaissez sans doute ?

MACHIAVEL.

Oui.

MONTESQUIEU.

Il faut, de plus, qu'il soit conquérant, car c'est à la guerre qu'il doit demander les principales ressources qui lui sont nécessaires pour entretenir son faste et ses armées. S'il les demandait à l'impôt, il écraserait ses sujets. Vous voyez par là que ce n'est pas parce que le monarque absolu dépense moins qu'il doit ménager les tributs, mais parce que la loi de sa subsistance est ailleurs. Or, aujourd'hui, la guerre ne rapporte plus de profits à ceux qui la font : elle ruine les vainqueurs aussi bien que les vaincus. Voilà une source de revenus qui vous échappe.

Restent les impôts ; mais, bien entendu, le prince absolu doit pouvoir se passer, à cet égard, du consentement de ses sujets. Dans les États despotiques, il y a une fiction légale qui leur permet de les taxer discrétionnairement : en droit, le souverain est censé posséder tous les biens de ses sujets. Quand il leur prend quelque chose, il ne fait donc que reprendre ce qui lui appartient. De la sorte, point de résistance.

Enfin, il faut que le prince puisse disposer, sans dis-

cussion comme sans contrôle, des ressources que lui a
procurées l'impôt. Tels sont, en cette matière, les errements inévitables de l'absolutisme; convenez qu'il y
aurait beaucoup à faire pour en revenir là. Si les peuples modernes sont aussi indifférents que vous le dites
à la perte de leurs libertés, il n'en sera pas de même
quand il s'agira de leurs intérêts; leurs intérêts sont
liés à un régime économique exclusif du despotisme :
si vous n'avez pas l'arbitraire en finances, vous ne pouvez pas l'avoir en politique. Votre règne entier s'écrou-
lera sur le chapitre des budgets.

MACHIAVEL.

Je suis fort tranquille sur ce point, comme sur le
reste.

MONTESQUIEU.

C'est ce qu'il faut voir; allons au fait. Le vote des
impôts, par les mandataires de la nation, est la règle
fondamentale des Etats modernes : accepterez-vous le
vote de l'impôt?

MACHIAVEL.

Pourquoi non?

MONTESQUIEU.

Oh! prenez garde, ce principe est la consécration la
plus expresse de la souveraineté de la nation; car lui
reconnaître le droit de voter l'impôt, c'est lui reconnaître celui de le refuser, de le limiter, de réduire à
rien les moyens d'action du prince, et, par suite, de
l'anéantir lui-même, au besoin.

MACHIAVEL.

Vous êtes catégorique. Continuez.

MONTESQUIEU.

Ceux qui votent l'impôt sont eux-mêmes des contribuables. Ici leurs intérêts sont étroitement solidaires
de ceux de la nation, en un point où elle aura nécessairement les yeux ouverts. Vous allez trouver ses man-

dataires aussi peu accommodants sur les crédits législatifs que vous les avez trouvés faciles sur le chapitre des libertés.

MACHIAVEL.

C'est ici que la faiblesse de l'argument se découvre : je vous prie de prendre note de deux considérations que vous avez oubliées. En premier lieu les mandataires de la nation sont salariés ; contribuables ou non, ils sont personnellement désintéressés dans le vote de l'impôt.

MONTESQUIEU.

Je conviens que la combinaison est pratique, et la remarque judicieuse.

MACHIAVEL.

Vous voyez l'inconvénient d'envisager trop systématiquement les choses ; la moindre modification habile fait tout varier. Vous auriez peut-être raison si j'appuyais mon pouvoir sur l'aristocratie, ou sur les classes bourgeoises qui pourraient, à un moment donné, me refuser leur concours ; mais, en second lieu, j'ai pour base d'action le prolétariat, dont la masse ne possède rien. Les charges de l'Etat ne pèsent presque pas sur elle, et je ferai même en sorte qu'elles n'y pèsent pas du tout. Les mesures fiscales préoccuperont peu les classes ouvrières ; elles ne les atteindront pas.

MONTESQUIEU.

Si j'ai bien compris, ceci est très-clair : vous faites payer à ceux qui possèdent par la volonté souveraine de ceux qui ne possèdent pas. C'est la rançon que le nombre et la pauvreté imposent à la richesse.

MACHIAVEL.

N'est-ce pas juste ?

MONTESQUIEU.

Ce n'est pas même vrai, car dans les sociétés actuelles, au point de vue économique, il n'y a ni riche, ni pau-

vre. L'artisan de la veille est le bourgeois du lendemain, en vertu de la loi du travail. Si vous atteignez
la bourgeoisie territoriale ou industrielle, savez-vous
ce que vous faites?

Vous rendez en réalité l'émancipation par le travail
plus difficile, vous retenez un plus grand nombre de
travailleurs dans les liens du prolétariat. C'est une
aberration que de croire que le prolétaire peut profiter
des atteintes portées à la production. En appauvrissant
par des lois fiscales ceux qui possèdent, on ne crée que
des situations factices et, dans un temps donné, on
appauvrit même ceux qui ne possèdent pas.

MACHIAVEL.

Ce sont de belles théories, mais je suis bien décidé à
vous en opposer de tout aussi belles, si vous le voulez.

MONTESQUIEU.

Non, car vous n'avez pas encore résolu le problème
que je vous ai posé. Obtenez d'abord de quoi faire face
aux dépenses de la souveraineté absolue. Ce ne sera pas
si facile que vous le pensez, même avec une chambre
législative dans laquelle vous aurez la majorité assurée, même avec la toute-puissance du mandat populaire dont vous êtes investi. Dites-moi, par exemple,
comment vous pourrez plier le mécanisme financier des
Etats modernes aux exigences du pouvoir absolu. Je
vous le répète, c'est la nature même des choses qui résiste ici. Les peuples policés de l'Europe ont entouré
l'administration de leurs finances de garanties si étroites,
si jalouses, si multipliées, qu'elles ne laissent pas plus
de place à la perception qu'à l'emploi arbitraire des
deniers publics.

MACHIAVEL.

Quel est donc ce merveilleux système?

MONTESQUIEU.

Je puis vous l'indiquer en quelques mots.

La perfection du système financier, dans les temps modernes, repose sur deux bases fondamentales, le *contrôle* et la *publicité*. C'est là que réside essentiellement la garantie des contribuables. Un souverain ne pourrait pas y toucher sans dire indirectement à ses sujets : Vous avez l'ordre, je veux le désordre, je veux l'obscurité dans la gestion des fonds publics ; j'en ai besoin parce qu'il y a une foule de dépenses que je veux pouvoir faire sans votre approbation, de déficits que je veux pouvoir masquer, de recettes que je veux avoir le moyen de déguiser ou de grossir suivant les circonstances.

MACHIAVEL.

Vous débutez bien.

MONTESQUIEU.

Dans les pays libres et industrieux, tout le monde sait les finances, par nécessité, par intérêt et par état, et votre gouvernement à cet égard ne pourrait tromper personne.

MACHIAVEL.

Qui vous dit qu'on veuille tromper ?

MONTESQUIEU.

Toute l'œuvre de l'administration financière, si vaste et si compliquée qu'elle soit dans ses détails, aboutit, en dernière analyse, à deux opérations fort simples, *recevoir* et *dépenser*.

C'est autour de ces deux ordres de faits financiers que gravite la multitude des lois et des règlements spéciaux, qui ont encore pour objet une chose fort simple : faire en sorte que le contribuable ne paye que l'impôt nécessaire et régulièrement établi, faire en sorte que le gouvernement ne puisse appliquer les fonds publics qu'à des dépenses approuvées par la nation.

Je laisse de côté tout ce qui est relatif à l'assiette et au mode de perception de l'impôt, aux moyens pratiques d'assurer l'intégralité de la recette, l'ordre et la précision dans le mouvement des fonds publics; ce sont là des détails de comptabilité dont je n'ai point à vous entretenir. Je veux seulement vous montrer comment la publicité marche avec le contrôle dans les systèmes de finance politique les mieux organisés de l'Europe.

Un des problèmes les plus importants à résoudre, était de faire sortir complétement de l'obscurité, de rendre visibles à tous les yeux les éléments de recettes et de dépenses sur lesquels est basé l'emploi de la fortune publique entre les mains des gouvernements. Ce résultat a été atteint par la création de ce que l'on appelle, en langue moderne, le budget de l'Etat, qui est l'aperçu ou l'état estimatif des recettes et des dépenses, prévues non pas pour une période de temps éloignée, mais chaque année pour le service de l'année suivante. Le budget annuel est donc le point capital, et en quelque sorte générateur, de la situation financière, qui s'améliore ou s'aggrave, en proportion de ses résultats constatés. Les parties qui le composent sont préparées par les différents ministres dans le département desquels les services à pourvoir sont placés. Ils prennent pour base de leur travail les allocations des budgets antérieurs, en y introduisant les modifications, additions et retranchements nécessaires. Le tout est adressé au ministre des finances, qui centralise les documents qui lui sont transmis, et qui présente à l'assemblée législative ce que l'on appelle le projet de budget. Ce grand travail publié, imprimé, reproduit dans mille journaux dévoile à tous les yeux la politique intérieure et extérieure de l'Etat, l'administration civile, judiciaire et militaire. Il est examiné, discuté et voté, par les représentants du pays, après quoi il est rendu exécutoire de la même manière que les autres lois de l'Etat.

MACHIAVEL.

Permettez-moi d'admirer avec quelle netteté de déduction et quelle propriété de termes, tout à fait modernes, l'illustre auteur de l'*Esprit des Lois* a su se dégager, en matière de finances, des théories un peu vagues et des termes quelquefois un peu ambigus du grand ouvrage qui l'a rendu immortel.

MONTESQUIEU.

L'*Esprit des Lois* n'est pas un traité de finances.

MACHIAVEL.

Votre sobriété sur ce point mérite d'autant plus d'être louée que vous auriez pu en parler très-complétement. Veuillez donc continuer, je vous en prie; je vous suis avec le plus grand intérêt.

DIX-NEUVIEME DIALOGUE.

MONTESQUIEU.

La création du système budgétaire a entraîné, on peut le dire, avec elle toutes les autres garanties financières qui sont aujourd'hui le partage des sociétés politiques bien réglées.

Ainsi, la première loi qui se trouve nécessairement imposée par l'économie du budget, c'est que les crédits demandés soient en rapport avec les ressources existantes. C'est là un équilibre qui doit se traduire constamment aux yeux par des chiffres réels et authentiques, et pour mieux assurer cet important résultat, pour que le législateur qui vote sur les propositions qui lui sont faites ne subisse aucun entraînement, on a eu recours à une mesure très-sage. On a divisé le budget général de l'Etat en deux budgets distincts : *le budget des dépenses et le budget des recettes*, qui doivent être votés séparément, chacun par une loi spéciale.

De cette manière, l'attention du législateur est obligée de se concentrer, tour à tour, isolément, sur la situation active et passive, et ses déterminations ne sont pas à l'avance influencées par la balance générale des recettes et des dépenses.

Il contrôle scrupuleusement ces deux éléments, et c'est, en dernier lieu, de leur comparaison, de leur étroite harmonie, que naît le vote général du budget.

MACHIAVEL.

Tout cela est fort bien, mais est-ce que par hasard les dépenses sont renfermées dans un cercle infranchissable par le vote législatif? Est-ce que cela est pos-

sible? Est-ce qu'une chambre peut, sans paralyser
l'exercice du pouvoir exécutif, défendre au souverain
de pourvoir, par des mesures d'urgence, à des dépenses
imprévues?

MONTESQUIEU.

Je vois bien que cela vous gêne, mais je ne puis le
regretter.

MACHIAVEL.

Est-ce que, dans les Etats contitutionnels eux-
mêmes, la faculté n'est pas formellement réservée au
souverain d'ouvrir, par ordonnances, des crédits supplémentaires ou extraordinaires dans l'intervalle des
sessions législatives?

MONTESQUIEU.

C'est vrai, mais à une condition, c'est que ces ordonnances soient converties en lois à la réunion des Chambres. Il faut que leur approbation intervienne.

MACHIAVEL.

Qu'elle intervienne une fois que la dépense est engagée, pour ratifier ce qui est fait, je ne le trouverais pas
mauvais.

MONTESQUIEU.

Je le crois bien; mais, malheureusement, on ne s'en
est pas tenu là. La législation financière moderne la
plus avancée interdit de déroger aux prévisions nor-
males du budget autrement que par des lois portant
ouverture de crédits supplémentaires et extraordinaires.
La dépense ne peut plus être engagée sans l'intervention du pouvoir législatif.

MACHIAVEL.

Mais alors on ne peut même plus gouverner.

MONTESQUIEU.

Il paraît que si. Les Etats modernes ont réfléchi que
le vote législatif du budget finirait par être illusoire
avec les abus des crédits supplémentaires et extraordi-

naires; qu'en définitive la dépense devait pouvoir être
limitée, quand les ressources l'étaient naturellement;
que les événements politiques ne pouvaient faire varier
les faits financiers d'un instant à l'autre, et que l'intervalle des sessions n'était pas assez long pour qu'il ne
fût pas toujours possible d'y pourvoir utilement par un
vote extra-budgétaire.

On est allé plus loin encore; on a voulu qu'une fois
les ressources votées pour tels ou tels services, elles
pussent revenir au trésor si elles n'étaient pas em-
ployées; on a pensé qu'il ne fallait pas que le gouvernement, tout en restant dans les limites des crédits
alloués, pût employer les fonds d'un service pour les
affecter à un autre, couvrir celui-ci, découvrir celui-là,
au moyen de virements de fonds opérés de ministère à
ministère, par voie d'ordonnances; car ce serait éluder
leur destination législative et revenir, par un détour
ingénieux, à l'arbitraire financier.

On a imaginé, à cet effet, ce qu'on appelle *la spécialité des crédits par chapitres*, c'est-à-dire que le vote
des dépenses a lieu par chapitres spéciaux ne contenant
que des services corrélatifs et de même nature pour
tous les ministères. Ainsi, par exemple, le chapitre A
comprendra, pour tous les ministères, la dépense A, le
chapitre B la dépense B, et ainsi de suite. Il résulte de
cette combinaison que les crédits non employés doivent
être annulés dans la comptabilité des divers ministères
et reportés en recettes au budget de l'année suivante.
Je n'ai pas besoin de vous dire que la responsabilité
ministérielle est la sanction de toutes ces mesures. Ce
qui forme le couronnement des garanties financières,
c'est l'établissement d'une chambre des comptes, sorte
de cour de cassation dans son genre, chargée d'exercer, d'une manière permanente, les fonctions de juridiction et de contrôle sur le compte, le maniement et

l'emploi des deniers publics, ayant même pour mission
de signaler les parties de l'administration financière
qui peuvent être améliorées au double point de vue des
dépenses et des recettes. Ces explications suffisent. Ne
trouvez-vous pas qu'avec une organisation comme
celle-là, le pouvoir absolu serait bien embarrassé?

MACHIAVEL.

Je suis encore atterré, je vous l'avoue, de cette incur-
sion financière. Vous m'avez pris par mon côté faible :
je vous ai dit que je m'entendais fort peu à ces matières, mais j'aurais, croyez-le bien, des ministres qui
sauraient rétorquer tout cela et démontrer le danger
de la plupart de ces mesures.

MONTESQUIEU.

Ne le pourriez-vous pas un peu vous-même?

MACHIAVEL.

Si fait. A mes ministres le soin de faire de belles
théories; ce sera leur principale occupation; quant à
moi, je vous parlerez finances plutôt en politique qu'en
économiste. Il y a une chose que vous êtes trop porté à
oublier, c'est que la matière des finances est, de toutes
les parties de la politique, celle qui se prête le plus aisément aux maximes du *Traité du Prince*. Ces Etats qui
ont des budgets si méthodiquement ordonnés et des
écritures officielles si bien en règle, me font l'effet de
ces commerçants qui ont des livres parfaitement tenus
et se ruinent bel et bien finalement. Qui donc a de plus
gros budgets que vos gouvernements parlementaires?
Qu'est-ce qui coûte plus cher que la République démocratique des Etats-Unis, que la République royale
d'Angleterre? Il est vrai que les immenses ressources
de cette dernière puissance sont mises au service de la
politique la plus profonde et la mieux entendue.

MONTESQUIEU.

Vous n'êtes pas dans la question. A quoi voulez-vous
en venir ?

MACHIAVEL.

A ceci : c'est que les règles de l'administration financière des Etats n'ont aucun rapport avec celles de l'économie domestique, qui paraît être le type de vos conceptions.

MONTESQUIEU.

Ah ! ah ! la même distinction qu'entre la politique et la morale ?

MACHIAVEL.

Eh bien ! oui, cela n'est-il pas universellement reconnu, pratiqué ? Les choses n'étaient-elles pas ainsi même dans votre temps, beaucoup moins avancé cependant sous ce rapport, et n'est-ce pas vous-même qui avez dit que les Etats se permettaient en finances des écarts dont rougirait le fils de famille le plus déréglé ?

MONTESQUIEU.

C'est vrai, j'ai dit cela, mais si vous en tirez un argument favorable à votre thèse, c'est une véritable surprise pour moi.

MACHIAVEL.

Vous voulez dire, sans doute, qu'il ne faut pas se prévaloir de ce qui se fait, mais de ce qui doit se faire.

MONTESQUIEU.

Précisément.

MACHIAVEL.

Je réponds qu'il faut vouloir le possible, et que ce qui se fait universellement ne peut pas ne pas se faire.

MONTESQUIEU.

Ceci est de la pratique pure, j'en conviens.

MACHIAVEL.

Et j'ai quelque idée que si nous faisions la balance des comptes, comme vous dites, mon gouvernement, tout absolu qu'il est, coûterait moins cher que le vôtre ; mais laissons cette dispute qui serait sans intérêt. Vous vous trompez vraiment bien, si vous croyez que je m'afflige de la perfection des systèmes de finances que vous venez de m'expliquer. Je me réjouis avec vous de la régularité de la perception de l'impôt, de l'intégralité de la recette ; je me réjouis de l'exactitude des comptes, je m'en réjouis très-sincèrement. Croyez-vous donc qu'il s'agisse, pour le souverain absolu, de mettre les mains dans les coffres de l'État, de manier lui-même les deniers publics. Ce luxe de précautions est vraiment puéril. Est-ce que le danger est là ? Tant mieux, encore une fois, si les fonds se recueillent, se meuvent et circulent avec la précision miraculeuse que vous m'avez annoncée. Je compte justement faire servir à la splendeur de mon règne toutes ces merveilles de comptabilité, toutes ces beautés organiques de la matière financière.

MONTESQUIEU.

Vous avez le *vis comica*. Ce qu'il y a de plus étonnant pour moi dans vos théories financières, c'est qu'elles sont en contradiction formelle avec ce que vous dites à cet égard dans le *Traité du Prince*, où vous recommandez sévèrement, non pas seulement l'économie en finances, mais même l'avarice (1).

MACHIAVEL.

Si vous vous en étonnez, vous avez tort, car sous ce point de vue les temps ne sont plus les mêmes, et l'un de mes principes les plus essentiels est de m'accommoder aux temps. Revenons et laissons d'abord un peu de côté, je vous prie, ce que vous m'avez dit de votre chambre des comptes : cette institution appartient-elle à l'ordre judiciaire ?

_____

(1) *Traité du Prince*, p. 106, ch. XVI.

MONTESQUIEU.

Non.

MACHIAVEL.

C'est donc un corps purement administratif. Je le suppose parfaitement irréprochable. Mais la belle avance quand il a vérifié tous les comptes! Empêche-t-il que les crédits ne se votent, que les dépenses ne se fassent? Ses arrêts de vérification n'en apprennent pas plus sur la situation que les budgets. C'est une chambre d'enregistrement sans remontrance, c'est une institution ingénue, n'en parlons donc pas ; je la maintiens, sans inquiétude, telle qu'elle peut être.

MONTESQUIEU.

Vous la maintenez, dites-vous! vous comptez donc toucher aux autres parties de l'organisation financière?

MACHIAVEL.

Vous n'en doutiez pas, j'imagine. Est-ce qu'après un coup d'Etat politique, un coup d'Etat financier n'est pas inévitable? Est-ce que je ne me servirai pas de la toute-puissance pour cela comme pour le reste? Quelle est donc la vertu magique qui préserverait vos règlements financiers? Je suis comme ce géant de je ne sais quel conte que des pygmées avaient chargé d'entraves pendant son sommeil; en se relevant, il les brisa sans s'en apercevoir. Au lendemain de mon avènement, il ne sera même pas question de voter le budget; je le décréterai extraordinairement, j'ouvrirai dictatorialement les crédits nécessaires, et je les ferai approuver par mon conseil d'Etat.

MONTESQUIEU.

Et vous continuerez ainsi?

MACHIAVEL.

Non pas. Dès l'année suivante je rentrerai dans la légalité; car je n'entends rien détruire directement, je

vous l'ai dit plusieurs fois déjà. On a réglementé avant
moi, je réglemente à mon tour. Vous m'avez parlé du
vote du budget par deux lois distinctes : je considère
cela comme une mauvaise mesure. On se rend bien
mieux compte d'une situation financière quand on
vote en même temps le budget des recettes et le budget
des dépenses. Mon gouvernement est un gouvernement laborieux ; il ne faut pas que le temps si précieux
des délibérations publiques se perde en discussions inu-
tiles. Dorénavant le budget des recettes et celui des
dépenses seront compris dans une seule loi.

MONTESQUIEU.

Bien. Et la loi qui interdit d'ouvrir des crédits supplémentaires autrement que par un vote préalable de
la Chambre ?

MACHIAVEL.

Je l'abroge ; vous en comprenez assez la raison ?

MONTESQUIEU.

Oui.

MACHIAVEL.

C'est une loi qui serait inapplicable sous tous les régimes.

MONTESQUIEU.

Et la spécialité des crédits, le vote par chapitres ?

MACHIAVEL.

Il est impossible de le maintenir : on ne votera plus
le budget des dépenses par chapitres, mais par ministères.

MONTESQUIEU.

Cela me paraît gros comme une montagne, car le
vote par ministère ne donne pour chacun d'eux qu'un
total à examiner. C'est se servir, pour tamiser les dépenses publiques, d'un tonneau sans fond au lieu d'un
crible.

MACHIAVEL.

Cela n'est pas exact, car chaque crédit, porté en
bloc, présente des éléments distincts, des chapitres,
comme vous dites; on les examinera si l'on veut, mais
on votera par ministère, avec faculté de virements
d'un chapitre à un autre.

MONTESQUIEU.

Et de ministère à ministère?

MACHIAVEL.

Non, je ne vais pas jusque-là; je veux rester dans
les limites de la nécessité.

MONTESQUIEU.

Vous êtes d'une modération accomplie, et vous
croyez que ces innovations financières ne jetteront pas
l'alarme dans le pays?

MACHIAVEL.

Pourquoi voulez-vous qu'elles alarment plus que
mes autres mesures politiques?

MONTESQUIEU.

Mais parce que celles-ci touchent aux intérêts matériels de tout le monde.

MACHIAVEL.

Oh! ce sont là des distinctions bien subtiles.

MONTESQUIEU.

Subtiles! je trouve le mot bien choisi. N'y mettez
donc pas de subtilité vous-même, et dites simplement
qu'un pays qui ne peut pas défendre ses libertés, ne
peut pas défendre son argent.

MACHIAVEL.

De quoi pourrait-on se plaindre, puisque j'ai conservé les principes essentiel du droit public en matière
financière? Est-ce que l'impôt n'est pas régulièrement
établi, régulièrement perçu, les crédits régulièrement
votés? Est-ce qu'ici, comme ailleurs, tout ne s'appuie
pas sur la base du suffrage populaire? Non, sans doute,

mon gouvernement n'est pas réduit à l'indigence. Le peuple qui m'a acclamé, non-seulement souffre aisément l'éclat du trône, mais il le veut, il le recherche dans un prince qui est l'expression de sa puissance. Il ne hait réellement qu'une chose, c'est la richesse de ses égaux.

MONTESQUIEU.

Ne vous échappez pas encore ; vous n'êtes pas au bout ; je vous ramène d'une main inflexible au budget. Quoi que vous disiez, son organisation même comprime le développement de votre puissance. C'est un cadre qu'on peut franchir, mais on ne le franchit qu'à ses risques et périls. Il est publié, on en connaît les éléments, il reste là comme le baromètre de la situation.

MACHIAVEL.

Finissons-en donc sur ce point, puisque vous le voulez.

VINGTIEME DIALOGUE.

MACHIAVEL.

Le budget est un cadre, dites-vous ; oui, mais c'est un cadre élastique qui s'étend autant qu'on le veut. Je serai toujours au dedans, jamais au dehors.

MONTESQUIEU.

Que voulez-vous dire ?

MACHIAVEL.

Est-ce à moi qu'il appartient de vous apprendre comment les choses se passent, même dans les Etats dont l'organisation budgétaire est poussée à son plus haut point de perfection ? La perfection consiste précisément à savoir sortir, par des artifices ingénieux, d'un système de limitation purement fictif en réalité.

Qu'est-ce que votre budget annuellement voté ? Pas autre chose qu'un règlement provisoire, qu'un aperçu, par à peu près, des principaux événements financiers. Jamais la situation n'est définitive qu'après l'achèvement des dépenses que la nécessité a fait naître pendant le cours de l'année. On reconnaît, dans vos budgets, je ne sais combien d'espèces de crédits qui répondent à toutes les éventualités possibles : les crédits complémentaires, supplémentaires, extraordinaires, provisoires, exceptionnels, que sais-je ? Et chacun de ces crédits forme, à lui seul, autant de budgets distincts. Or, voici comment les choses se passent : le budget général, celui qui est voté au commencent de l'année, porte au total, je suppose, un crédit de 800 millions. Quand on est arrivé à la moitié de l'année, les faits financiers ne répondent déjà plus aux premières prévisions ; alors on présente aux chambres ce que l'on appelle un budget rectificatif, et ce budget ajoute 100 millions, 150 millions au chiffre primitif. Arrive ensuite le budget supplémentaire : il y ajoute 50 ou 60 millions ; vient enfin la liquidation, qui ajoute 15, 20 ou 30 millions. Bref, à la balance générale des comptes, l'écart total est d'un tiers de la dépense prévue. C'est sur ce dernier chiffre que survient, en forme d'homologation, le vote législatif des chambres. De cette manière, au bout de dix ans, on peut doubler et même tripler le budget.

MONTESQUIEU.

Que cette accumulation de dépenses puisse être le résultat de vos améliorations financières, c'est ce dont je ne doute pas, mais rien de semblable n'arrivera dans les Etats où l'on évitera vos errements. Au surplus, vous n'êtes pas au bout : il faut bien, en définitive, que les dépenses soient en équilibre avec les recettes ; comment vous y prendrez-vous ?

MACHIAVEL.

Tout consiste ici, on peut le dire, dans l'art de grouper les chiffres et dans certaines distinctions de dépenses, à l'aide desquelles on obtient la latitude nécessaire. Ainsi, par exemple, la distinction entre le budget ordinaire et le budget extraordinaire peut être d'un grand secours. A la faveur de ce mot *extraordinaire* on fait passer assez aisément certaines dépenses contestables et certaines recettes plus ou moins problématiques. J'ai, par exemple, ici 20 millions en dépenses ; il faut y faire face par 20 millions en recettes : je porte en recette une indemnité de guerre de 20 millions, non encore perçue, mais qui le sera plus tard, ou bien encore je porte en recette une augmentation de 20 millions dans le produit des impôts, qui sera réalisée l'année prochaine. Voilà pour les recettes ; je ne multiplie pas les exemples. Pour les dépenses, on peut recourir au procédé contraire : au lieu d'ajouter, on

déduit. Ainsi, on détachera, par exemple, du budget
des dépenses les frais de perception de l'impôt.

MONTESQUIEU.

Et sous quel prétexte, je vous prie ?

MACHIAVEL.

On peut dire, et avec raison, selon moi, que ce n'est
pas une dépense de l'Etat. On peut encore, par la même
raison, ne pas faire figurer au budget des dépenses ce
que coûte le service provincial et communal.

MONTESQUIEU.

Je ne discute rien de tout cela, vous pouvez le voir ;
mais que faites-vous des recettes qui sont des déficits,
et des dépenses que vous éliminez ?

MACHIAVEL.

Le grand point, en cette matière, est la distinction
entre le budget ordinaire et le budget extraordinaire.
C'est au budget extraordinaire que doivent se reporter
les dépenses qui vous préoccupent.

MONTESQUIEU.

Mais enfin ces deux budgets se totalisent et le chiffre
définitif de la dépense apparaît.

MACHIAVEL.

On ne doit pas totaliser ; au contraire. Le budget
ordinaire apparaît seul ; le budget extraordinaire est
une annexe à laquelle on pourvoit par d'autres moyens.

MONTESQUIEU.

Et quels sont-ils ?

MACHIAVEL.

Ne me faites pas anticiper. Vous voyez donc d'abord
qu'il y a une manière particulière de présenter le
budget, d'en dissimuler, au besoin, l'élévation crois-
sante. Il n'est pas de gouvernement qui ne soit dans
la nécessité d'en agir ainsi ; il y a des ressources iné-
puisables dans les pays industrieux, mais, comme vous
le remarquiez, ces pays-là sont avares, soupçonneux :

ils disputent sur les dépenses les plus nécessaires. La politique financière ne peut pas, plus que l'autre, se jouer cartes sur table : on serait arrêté à chaque pas ; mais en définitive, et grâce, j'en conviens, au perfectionnement du système budgétaire, tout se retrouve, tout est classé, et si le budget a ses mystères, il a aussi ses clartés.

MONTESQUIEU.

Mais pour les initiés seulement, sans doute. Je vois que vous ferez de la législation financière un formalisme aussi impénétrable que la procédure judiciaire chez les Romains, au temps des douze tables. Mais poursuivons. Puisque vos dépenses augmentent, il faut bien que vos ressources croissent dans la même proportion. Trouverez-vous, comme Jules César, une valeur de deux milliards de francs dans les coffres de l'Etat, ou découvrirez-vous les sources du Potose ?

MACHIAVEL.

Vos traits sont fort ingénieux ; je ferai ce que font tous les gouvernements possibles, j'emprunterai.

MONTESQUIEU.

C'est ici que je voulais vous amener. Il est certain qu'il est peu de gouvernements qui ne soient dans la nécessité de recourir à l'emprunt ; mais il est certain aussi qu'ils sont obligés d'en user avec ménagement ; ils ne sauraient, sans immoralité et sans danger, grever les générations à venir de charges exorbitantes et disproportionnées avec les ressources probables. Comment se font les emprunts ? par des émissions de titres contenant obligation, de la part du gouvernement, de servir des rentes proportionnées au capital qui lui est versé. Si l'emprunt est de 5 p. c., par exemple, l'Etat, au bout de vingt ans, a payé une somme égale au capital emprunté ; au bout de quarante ans, une somme double ; au bout de soixante ans, une somme triple, et, néan-

moins, il reste toujours débiteur de la totalité du même
capital. On peut ajouter que si l'Etat augmentait indéfiniment sa dette, sans rien faire pour la diminuer, il
serait conduit à l'impossibilité d'emprunter ou à la fail-
lite. Ces résultats sont faciles à saisir : il n'est pas de
pays où chacun ne les comprenne. Aussi les Etats modernes ont-ils voulu apporter une limitation nécessaire
à l'accroissement des impôts. Ils ont imaginé, à cet
effet, ce que l'on a appelé le système de l'amortissement, combinaison vraiment admirable par la simplicité et par le mode si pratique de son exécution. On a
créé un fonds spécial, dont les ressources capitalisées
sont destinées à un rachat permanent de la dette publique, par fractions successives ; en sorte que toutes
les fois que l'Etat emprunte, il doit doter le fonds
d'amortissement d'un certain capital destiné à éteindre,
dans un temps donné, la nouvelle créance. Vous voyez
que ce mode de limitation est indirect, et c'est ce qui
fait sa puissance. Au moyen de l'amortissement, la nation dit à son gouvernement : Vous emprunterez si vous
y êtes forcé, soit, mais vous devrez toujours vous préoccuper de faire face à la nouvelle obligation que vous
contractez en mon nom. Quand on est sans cesse obligé
d'amortir, on y regarde à deux fois avant d'emprunter.
Si vous amortissez régulièrement, je vous passe vos
emprunts.

MACHIAVEL.

Et pourquoi voulez-vous que j'amortisse, je vous
prie ? Quels sont les Etats où l'amortissement a lieu
d'une manière régulière ? En Angleterre même il est
suspendu ; l'exemple tombe de haut, j'imagine : ce qui
ne se fait nulle part, ne peut pas se faire.

MONTESQUIEU.

Ainsi vous supprimez l'amortissement ?

MACHIAVEL.

Je n'ai pas dit cela, tant s'en faut ; je laisserai fonctionner ce mécanisme, et mon gouvernement emploiera les fonds qu'il produit ; cette combinaison présentera un grand avantage. Lors de la présentation du budget, on pourra, de temps en temps, faire figurer en recette le produit de l'amortissement de l'année suivante.

MONTESQUIEU.

Et l'année suivante il figurera en dépenses.

MACHIAVEL.

Je n'en sais rien, cela dépendra des circonstances, car je regretterai beaucoup que cette institution financière ne puisse pas marcher plus régulièrement. Mes ministres s'expliqueront à cet égard d'une manière extrêmement douloureuse. Mon Dieu ! je ne prétends pas que, sous le rapport financier, mon administration n'aura pas quelques côtés critiquables, mais, quand les faits sont bien présentés, on passe sur beaucoup de choses. L'administration des finances est pour beaucoup aussi, ne l'oubliez pas, *une affaire de presse*.

MONTESQUIEU.

Qu'est-ce que ceci ?

MACHIAVEL.

Ne m'avez-vous pas dit que l'essence même du budget était la publicité ?

MONTESQUIEU.

Oui.

MACHIAVEL.

Eh bien ! les budgets ne sont-ils pas accompagnés de comptes-rendus, de rapports, de documents officiels de toutes les façons ? Que de ressources ces communications publiques ne donnent-elles pas au souverain, quand il est entouré d'hommes habiles ! Je veux que mon ministre des finances parle la langue des chiffres avec une admirable clarté et que son style, littéraire, d'ailleurs, soit d'une pureté irréprochable.

Il est bon de répéter sans cesse ce qui est vrai, c'est que « la gestion des deniers publics se fait actuellement « à la lumière du jour. »

Cette proposition incontestable doit être présentée sous mille formes; je veux qu'on écrive des phrases comme celle-ci :

« Notre système de comptabilité, fruit d'une longue « expérience, se distingue par la clarté et la certitude « de ses procédés. Il met obstacle aux abus et ne donne « à personne, depuis le dernier des fonctionnaires *jus-* « *qu'au chef de l'Etat lui-même*, le moyen de détour- « ner la somme la plus minime de sa destination, ou « d'en faire un emploi irrégulier. »

On tiendrait votre langage : comment faire mieux ? et l'on dirait :

« L'excellence du système financier repose sur deux « bases : *contrôle et publicité*. Le contrôle, qui empêche « qu'un seul denier puisse sortir des mains des contri- « buables pour entrer dans les caisses publiques, passer « d'une caisse à une autre caisse, et en sortir pour « aller entre les mains d'un créancier de l'Etat, sans « que la légitimité de sa perception, la régularité de « ses mouvements, la légitimité de son emploi, soient « contrôlés par des agents responsables, vérifiés judi- « ciairement par des magistrats inamovibles, et défini- « tivement sanctionnés dans les comptes législatifs de « la Chambre. »

MONTESQUIEU.

O Machiavel! vous raillez toujours, mais votre rail- lerie a quelque chose d'infernal.

MACHIAVEL.

Vous oubliez où nous sommes.

MONTESQUIEU.

Vous défiez le ciel.

MACHIAVEL.

Dieu sonde les cœurs.

MONTESQUIEU.

Poursuivez.

MACHIAVEL.

Au commencement de l'année budgétaire, le surintendant des finances s'énoncera ainsi :

« Rien n'altère, jusqu'ici, les prévisions du budget
« actuel. Sans se faire d'illusions, on a les plus sérieuses
« raisons d'espérer que, pour la première fois depuis
« bien des années, le budget, malgré le service des em
« prunts, présentera, en fin de compte, un équilibre
« réel. Ce résultat si désirable, obtenu dans des temps
« exceptionnellement difficiles, est la meilleure des
« preuves que le mouvement ascendant de la fortune
« publique ne s'est jamais ralenti. »

Est-ce bien dicté ?

MONTESQUIEU.

Poursuivez.

MACHIAVEL.

A ce propos l'on parlera de l'amortissement, qui vous préoccupait tout à l'heure, et l'on dira :

« L'amortissement va bientôt fonctionner. Si le
« projet que l'on a conçu à cet égard venait à se réa-
« liser, si les revenus de l'Etat continuaient à pro-
« gresser, il ne serait pas impossible que, dans le budget
« qui sera présenté dans cinq ans, les comptes publics
« ne se soldassent par un excédant de recettes. »

MONTESQUIEU.

Vos espérances sont à long terme ; mais à propos de l'amortissement, si, après avoir promis de le mettre en fonction, on n'en fait rien, que direz-vous ?

MACHIAVEL.

On dira que le moment n'avait pas été bien choisi, qu'il faut attendre encore. On peut aller beaucoup plus

loin : des économistes recommandables contestent à
l'amortissement une efficacité réelle. Ces théories, vous
les connaissez ; je puis vous les rappeler.

MONTESQUIEU.

C'est inutile.

MACHIAVEL.

On fait publier ces théories par les journaux non
officiels, on les insinue soi-même, enfin un jour on peut
les avouer plus hautement.

MONTESQUIEU.

Comment! après avoir reconnu auparavant l'efficacité de l'amortissement, et en avoir exalté les bienfaits !

MACHIAVEL.

Mais, est-ce que les données de la science ne chan-
gent pas? est-ce qu'un gouvernement éclairé ne doit
pas suivre, peu à peu, les progrès économiques de son
siècle ?

MONTESQUIEU.

Rien de plus péremptoire. Laissons l'amortissement.
Quand vous n'aurez pu tenir aucune de vos promesses,
quand vous vous trouverez débordé par les dépenses,
après avoir fait entrevoir des excédants de recettes, que
direz-vous ?

MACHIAVEL.

Au besoin, on en conviendra hardiment. Cette franchise honore les gouvernements et touche les peuples,
quand elle émane d'un pouvoir fort. Mais, en revanche,
mon ministre des finances s'attachera à enlever toute
signification à l'élévation du chiffre des dépenses. Il
dira, ce qui est vrai : « C'est que la pratique financière
« démontre que les découverts ne sont jamais entière-
« ment confirmés ; qu'une certaine quantité de res-
« sources nouvelles surviennent d'ordinaire dans le
« cours de l'année, notamment par l'accroissement du

« produit des impôts ; qu'une portion considérable,
« d'ailleurs, des crédits votés, n'ayant pas reçu d'em-
« ploi, se trouvera annulée. »

MONTESQUIEU.

Cela arrivera-t-il?

MACHIAVEL.

Quelquefois il y a, vous le savez, en finances des
mots tout faits, des phrases stéréotypées, qui font
beaucoup d'effet sur le public, le calment, le rassurent.

Ainsi, en présentant avec art telle ou telle dette passive, on dit : *Ce chiffre n'a rien d'exorbitant ; — il
est normal, il est conforme aux antécédents budgé-
taires ; — le chiffre de la dette flottante n'a rien que
de très-rassurant.* Il y a une foule de locutions semblables dont je ne vous parle pas, parce qu'il est d'autres artifices pratiques, plus importants, sur lesquels je
dois appeler votre attention.

D'abord, dans tous les documents officiels il est nécessaire d'insister sur le développement de la prospérité, de l'activité commerciale et du *progrès toujours
croissant de la consommation.*

Le contribuable s'émeut moins de la disproportion
des budgets, quand on lui répète ces choses, et on peut
les lui répéter à satiété, sans que jamais il s'en défie,
tant les écritures authentiques produisent un effet magique sur l'esprit des sots bourgeois. Lorsque l'équilibre
des budgets est rompu et que l'on veut, pour l'année
suivante, préparer l'esprit public à quelque mécompte,
on dit à l'avance, dans un rapport, *l'année prochaine
le découvert ne sera que de tant.*

Si le découvert est inférieur aux prévisions, c'est un
véritable triomphe ; s'il est supérieur, on dit : « *Le
« déficit a été plus grand qu'on ne l'avait prévu,
« mais il s'était élevé à un chiffre supérieur l'année*

« *précédente ;* de compte fait, la situation est meilleure,
« car on a dépensé moins et cependant on a traversé
« des circonstances exceptionnellement difficiles : la
« guerre, la disette, les épidémies, des crises de sub-
« sistances imprévues, etc.

« Mais, l'année prochaine, l'augmentation des re-
« cettes permettra, suivant toute probabilité, d'at-
« teindre un équilibre depuis si longtemps désiré : la
« dette sera réduite, le budget *convenablement balancé.*
« Ce progrès continuera, on peut l'espérer, et, sauf
« des événements extraordinaires, l'équilibre devien-
« dra l'habitude de nos finances, comme il en est la
« règle. »

MONTESQUIEU.

C'est de la haute comédie ; l'habitude sera comme
la règle, elle ne prendra jamais, car j'imagine que, sous
votre règne, il y aura toujours quelque circonstance
extraordinaire, quelque guerre, quelque crise de subsistances.

MACHIAVEL.

Je ne sais pas s'il y aura des crises de subsistances ;
ce qui est certain, c'est que je tiendrai très-haut le drapeau de la dignité nationale.

MONTESQUIEU.

C'est bien le moins que vous puissiez faire. Si vous
recueillez de la gloire, on ne doit pas vous en savoir
gré, car elle n'est, entre vos mains, qu'un moyen de
gouvernement : ce n'est pas elle qui amortira les dettes
de votre Etat.

VINGT ET UNIÈME DIALOGUE.

MACHIAVEL.

Je crains que vous n'ayez quelque préjugé à l'égard des emprunts ; ils sont précieux à plus d'un titre : ils attachent les familles au gouvernement; ce sont d'excellents placements pour les particuliers, et les économistes modernes reconnaissent formellement aujourd'hui que, loin d'appauvrir les Etats, les dettes publiques les enrichissent. Voulez-vous me permettre de vous expliquer comment ?

MONTESQUIEU.

Non, car je crois connaître ces théories-là. Comme vous parlez toujours d'emprunter et jamais de rembourser, je voudrais savoir d'abord à qui vous demanderez tant de capitaux, et à propos de quoi vous les demanderez.

MACHIAVEL.

Les guerres extérieures sont, pour cela, d'un grand secours. Dans les grands Etats, elles permettent d'emprunter 500 ou 600 millions; on fait en sorte de n'en dépenser que la moitié ou les deux tiers, et le reste trouve sa place dans le Trésor, pour les dépenses de l'intérieur.

MONTESQUIEU.

Cinq ou six cents millions, dites-vous ! Et quels sont les banquiers des temps modernes qui peuvent négocier des emprunts dont le capital serait, à lui seul, toute la fortune de certains Etats ?

MACHIAVEL.

Ah ! vous en êtes encore à ces procédés rudimentaires de l'emprunt. C'est, permettez-moi de vous le dire,

presque de la barbarie, en matière d'économie financière. On n'emprunte plus aujourd'hui aux banquiers.

MONTESQUIEU.

Et à qui donc?

MACHIAVEL.

Au lieu de passer des marchés avec des capitalistes,
qui s'entendent pour déjouer les enchères et dont le
petit nombre annihile la concurrence, on s'adresse à
tous ses sujets : aux riches, aux pauvres, aux artisans,
aux commerçants, à quiconque a un denier de dispo-
nible; on ouvre enfin ce qui s'appelle une souscription
publique, et pour que chacun puisse acheter des rentes,
on les divise par coupons de très-petites sommes. On
vend depuis dix francs de rente, cinq francs de rente
jusqu'à cent mille francs, un million de rentes. Le lendemain de leur émission, la valeur de ces titres est en
hausse, fait prime, comme on dit : on le sait, et l'on se
rue de tous les côtés pour en acheter ; on dit que c'est
du délire. En quelques jours les coffres du Trésor
regorgent; on reçoit tant d'argent qu'on ne sait où le
mettre ; cependant on s'arrange pour le prendre,
parce que si la souscription dépasse le capital des
rentes émises, on peut se ménager un grand effet sur
l'opinion.

MONTESQUIEU.

Ah!

MACHIAVEL.

On rend aux retardataires leur argent. On fait cela à
grand bruit, à grand renfort de presse. C'est le coup
de théâtre ménagé. L'excédant s'élève quelquefois à
deux ou trois cents millions : vous jugez à quel point
l'esprit public est frappé de cette confiance du pays
dans le gouvernement.

MONTESQUIEU.

Confiance qui se mêle à un esprit d'agiotage effréné,

à ce que j'entrevois. J'avais entendu parler, en effet, de cette combinaison, mais tout, dans votre bouche, est vraiment fantasmagorique. Eh bien ! soit, vous avez de l'argent plein les mains, mais...

MACHIAVEL.

J'en aurais plus encore que vous ne pensez, car, chez les nations modernes, il y a de grandes institutions de banque qui peuvent prêter directement à l'Etat 100 et 200 millions au taux ordinaire ; les grandes villes peuvent prêter aussi. Chez ces mêmes nations il y a d'autres institutions que l'on appelle institutions de prévoyance : ce sont des caisses d'épargne, des caisses de secours, des caisses de retraite. L'Etat a l'habitude d'exiger que leurs capitaux, qui sont immenses, qui peuvent s'élever quelquefois à 500 ou 600 millions, soient versés dans le Trésor public où ils fonctionnent avec la masse commune, moyennant de faibles intérêts payés à ceux qui les déposent.

De plus, les gouvernements peuvent se procurer des fonds exactement comme les banquiers. Ils délivrent sur leur caisse des bons à vue pour des sommes de deux ou trois cents millions, sortes de lettres de change sur lesquelles on se jette avant qu'elles n'entrent en circulation.

MONTESQUIEU.

Permettez-moi donc de vous arrêter : vous ne parlez que d'emprunter ou de tirer des lettres de change ; ne vous préoccuperez-vous jamais de payer quelque chose ?

MACHIAVEL.

Il est bon de vous dire encore que l'on peut, en cas de besoin, vendre les domaines de l'Etat.

MONTESQUIEU.

Ah ! vous vous vendez maintenant ! mais ne vous préoccuperez-vous pas de payer enfin ?

MACHIAVEL.

Sans aucun doute ; il est temps de vous dire maintenant comment on fait face au passif.

MONTESQUIEU.

Vous dites, *on fait face au passif :* je voudrais une expression plus exacte.

MACHIAVEL.

Je me sers de cette expression parce que je la crois d'une exactitude réelle. On ne peut pas toujours éteindre le passif, mais on peut lui faire face ; le mot est même très-énergique, car le passif est un ennemi redoutable.

MONTESQUIEU.

Eh bien! comment lui ferez-vous face ?

MACHIAVEL.

A cet égard les moyens sont très-variés : il y a d'abord l'impôt.

MONTESQUIEU.

C'est-à-dire le passif employé à payer le passif.

MACHIAVEL.

Vous me parlez en économiste et non en financier. Ne confondez pas. Avec le produit d'une taxe on peut réellement payer. Je sais que l'impôt fait crier ; si celui que l'on a établi gêne, on en trouve un autre, ou l'on rétablit le même sous un autre nom. Il y a un grand art, vous le savez, à trouver les points vulnérables de la matière imposable.

MONTESQUIEU.

Vous l'aurez bientôt écrasée, j'imagine.

MACHIAVEL.

Il y a d'autres moyens : il y a ce que l'on appelle la conversion.

MONTESQUIEU.

Ah ! ah !

MACHIAVEL.

Ceci est relatif à la dette que l'on appelle consolidée, c'est-à-dire à celle qui provient de l'émission des emprunts. On dit aux rentiers de l'Etat, par exemple : Jusqu'à ce jour je vous ai payé 5 p. c. de votre argent ; c'était le taux de votre rente. J'entends ne plus vous payer que le 4 1/2 ou le 4 p. c. Consentez à cette réduction ou recevez le remboursement du capital que vous m'avez prêté.

MONTESQUIEU.

Mais si l'on rend réellement l'argent, je trouve le procédé encore assez honnête.

MACHIAVEL.

Sans doute on le rend, si on le réclame ; mais très-peu s'en soucient ; les rentiers ont leurs habitudes ; leurs fonds sont placés ; ils ont confiance dans l'Etat ; ils aiment mieux un revenu moindre et un placement sûr. Si tout le monde demandait son argent il est évident que le trésor serait pris au lacet. Cela n'arrive jamais, et l'on se débarrasse par ce moyen d'un passif de plusieurs centaines de millions.

MONTESQUIEU.

C'est un expédient immoral, quoi qu'on dise, un emprunt forcé qui déprime la confiance publique.

MACHIAVEL.

Vous ne connaissez pas les rentiers. Voici une autre combinaison relative à un autre genre de dette. Je vous disais tout à l'heure que l'Etat avait à sa disposition les fonds des caisses de prévoyance et qu'il s'en servait en en payant le loyer, sauf à les rendre à première réquisition. Si, après les avoir longtemps maniés, il n'est plus en mesure de les rendre, il consolide la dette qui flotte dans ses mains.

MONTESQUIEU.

Je sais ce que cela signifie ; l'Etat dit aux déposants :

Vous voulez votre argent, je ne l'ai plus; voilà de la rente.

MACHIAVEL.

Précisément, et il consolide de la même manière toutes les dettes auxquelles il ne peut plus suffire. Il consolide les bons du trésor, les dettes contractées envers les villes, envers les banques, enfin toutes celles qui forment ce que l'on appelle très-pittoresquement la dette flottante, parce qu'elle se compose de créances qui n'ont point d'assiette déterminée et qui sont à une échéance plus ou moins rapprochée.

MONTESQUIEU.

Vous avez de singuliers moyens de libérer l'Etat.

MACHIAVEL.

Que pouvez-vous me reprocher si je ne fais que ce que font les autres?

MONTESQUIEU.

Oh! si tout le monde le fait, il faudrait être bien dur, effectivement, pour le reprocher à Machiavel.

MACHIAVEL.

Je ne vous indique seulement pas la millième partie des combinaisons que l'on peut employer. Loin de redouter l'accroissement des rentes perpétuelles, je voudrais que la fortune publique entière fût en rentes; je ferais en sorte que les villes, les communes, les établissements publics convertissent en rentes leurs immeubles ou leurs capitaux mobiliers. C'est l'intérêt même de ma dynastie qui me commanderait ces mesures financières. Il n'y aurait pas dans mon royaume un écu qui ne tînt par un fil à mon existence.

MONTESQUIEU.

Mais à ce point de vue même, à ce point de vue fatal, atteindrez-vous votre but? Ne marchez-vous pas, de la manière la plus directe, à votre ruine à travers la ruine de l'Etat? Ne savez-vous pas que chez toutes les nations de l'Europe il y a de vastes marchés de fonds publics, où la prudence, la sagesse, la probité des gouvernements est mise à l'enchère? A la manière dont vous dirigez vos finances, vos fonds seraient repoussés avec perte des marchés étrangers, et ils tomberaient aux plus bas cours, même à la Bourse de votre royaume.

MACHIAVEL.

C'est une erreur flagrante. Un gouvernement glorieux, comme serait le mien, ne peut que jouir d'un grand crédit à l'extérieur. A l'intérieur, sa vigueur dominerait les appréhensions. Au surplus, je ne voudrais pas que le crédit de mon Etat dépendît des transes de quelques marchands de suif; je dominerais la Bourse par la Bourse.

MONTESQUIEU.

Qu'est-ce encore?

MACHIAVEL.

J'aurais de gigantesques établissements de crédit institués en apparence pour prêter à l'industrie, mais dont la fonction la plus réelle consisterait à soutenir la rente. Capables de jeter pour 400 ou 500 millions de titres sur la place, ou de raréfier le marché dans les mêmes proportions, ces monopoles financiers seraient toujours maîtres des cours. Que dites-vous de cette combinaison?

MONTESQUIEU.

Les bonnes affaires que vos ministres, vos favoris, vos maîtresses vont faire dans ces maisons-là! Votre gouvernement va donc jouer à la Bourse avec les secrets de l'Etat?

MACHIAVEL.

Que dites-vous?

MONTESQUIEU.

Expliquez donc autrement l'existence de ces mai-

sons. Tant que vous n'avez été que sur le terrain des
doctrines, on pouvait se tromper sur le véritable nom
de votre politique; depuis que vous en êtes aux applications, on ne le peut plus. Votre gouvernement sera
unique dans l'histoire ; on ne pourra jamais le ca-
lomnier.

MACHIAVEL.

Si quelqu'un dans mon royaume s'avisait de dire ce
que vous laissez entendre, il disparaîtrait comme par
l'effet de la foudre.

MONTESQUIEU.

La foudre est un bel argument; vous êtes heureux
de l'avoir à votre disposition. En avez-vous fini avec
les finances?

MACHIAVEL.

Oui.

MONTESQUIEU.

L'heure s'avance à grands pas.

QUATRIEME PARTIE

—

VINGT-DEUXIEME DIALOGUE.

MONTESQUIEU.

Avant de vous avoir entendu, je ne connaissais bien *ni l'esprit des lois, ni l'esprit des finances.* Je vous suis redevable de m'avoir enseigné l'un et l'autre. Vous avez entre les mains la plus grande puissance des temps modernes, l'argent. Vous pouvez vous en procurer à peu près autant que vous voulez. Avec de si prodigieuses ressources vous allez faire de grandes choses, sans doute : c'est le cas de montrer enfin *que le bien peut sortir du mal.*

MACHIAVEL.

C'est ce que j'entends vous montrer en effet.

MONTESQUIEU.

Eh bien! voyons.

MACHIAVEL.

Le plus grand de mes bienfaits sera d'abord d'avoir donné la paix intérieure à mon peuple. Sous mon règne les mauvaises passions sont comprimées, *les bons se rassurent et les méchants tremblent.* J'ai rendu, à un pays déchiré avant moi par les factions, la liberté, la dignité, la force.

MONTESQUIEU.

Après avoir changé tant de choses, n'en seriez-vous pas venu à changer le sens des mots?

MACHIAVEL.

La liberté ne consiste pas dans la licence, pas plus que la dignité et la force ne consistent dans l'insurrection et le désordre. Mon empire, paisible au dedans, sera glorieux au dehors.

MONTESQUIEU.

Comment?

MACHIAVEL.

Je ferai la guerre dans les quatre parties du monde. Je franchirai les Alpes, comme Annibal ; je guerroierai dans l'Inde, comme Alexandre; dans la Lybie, comme Scipion; j'irai de l'Atlas au Taurus, des bords du Gange au Mississipi, du Mississipi au fleuve Amour. La grande muraille de la Chine tombera devant mon nom ; mes légions victorieuses défendront, à Jérusalem, le tombeau du Sauveur ; à Rome, le vicaire de Jésus-Christ; leurs pas fouleront au Pérou la poussière des Incas, en Egypte les cendres de Sésostris ; en Mésopotamie celles de Nabuchodonosor. Descendant de César, d'Auguste et de Charlemagne, je vengerai, sur les bords du Danube, la défaite de Varus; sur les bords de l'Adige, la déroute de Cannes ; sur la Baltique, les outrages des Normands.

MONTESQUIEU.

Daignez vous arrêter, je vous conjure. Si vous vengez ainsi les défaites de tous les grands capitaines, vous n'y suffirez pas. Je ne vous comparerai pas à Louis XIV, à qui Boileau disait : *Grand roi, cesse de vaincre ou je cesse d'écrire ;* cette comparaison vous humilierait. Je vous accorde qu'aucun héros de l'antiquité ou des temps modernes ne saurait être mis en parallèle avec vous.

Mais ce n'est point de cela qu'il s'agit : la guerre en elle-même est un mal ; elle sert dans vos mains à faire supporter un mal plus grand encore, la servitude ; mais où donc est, dans tout ceci, le bien que vous m'avez promis de faire ?

MACHIAVEL.

Ce n'est pas ici le cas d'équivoquer ; la gloire est déjà par elle-même un grand bien ; c'est le plus puissant des capitaux accumulés ; un souverain qui a de la gloire a tout le reste. Il est la terreur des États voisins, l'arbitre de l'Europe. Son crédit s'impose invinciblement, car, quoi que vous ayez dit sur la stérilité des victoires, la force n'abdique jamais ses droits. On simule des guerres d'idées, on fait étalage de désintéressement et, un beau jour, on finit très-bien par s'emparer d'une province que l'on convoite et par imposer un tribut de guerre aux vaincus.

MONTESQUIEU.

Mais, permettez, dans ce système-là on fait parfaitement bien d'en agir ainsi, si on le peut ; sans cela, le métier militaire serait par trop niais.

MACHIAVEL.

A la bonne heure ! vous voyez que nos idées commencent à se rapprocher un peu.

MONTESQUIEU.

Oui, comme l'Atlas et le Taurus. Voyons les autres grandes choses de votre règne.

MACHIAVEL.

Je ne dédaigne pas autant que vous paraissez le croire un parallèle avec Louis XIV. J'aurais plus d'un trait avec ce monarque : comme lui je ferais des constructions gigantesques ; cependant, sous ce rapport, mon ambition irait bien plus loin que la sienne et que celle des plus fameux potentats ; je voudrais montrer au peuple que les monuments dont la construction exigeait autrefois des siècles, je les rebâtis, moi, en quelques années. Les palais des rois mes prédécesseurs tomberaient sous le marteau des démolisseurs pour se relever rajeunis par des formes nouvelles ; je renverserais des villes entières, pour les reconstruire sur des plans plus réguliers, pour obtenir de plus belles perspectives. Vous ne pouvez pas vous imaginer à quel point les constructions attachent les peuples aux monarques. On pourrait dire qu'ils pardonnent aisément qu'on détruise leurs lois à la condition qu'on leur bâtisse des maisons. Vous verrez d'ailleurs, dans un instant, que les constructions servent à des objets particulièrement importants.

MONTESQUIEU.

Après les constructions, que ferez-vous ?

MACHIAVEL.

Vous allez bien vite : le nombre des grandes actions n'est pas illimité. Veuillez donc me dire, je vous prie, si, depuis Sésostris jusqu'à Louis XIV, jusqu'à Pierre Ier, les deux points cardinaux des grands règnes n'ont pas été la guerre et les constructions.

MONTESQUIEU.

C'est vrai, mais on voit pourtant des souverains absolus qui se sont préoccupés de donner de bonnes lois, d'améliorer les mœurs, d'y introduire la simplicité et la décence. On en a vu qui se sont préoccupés de l'ordre dans les finances, de l'économie ; qui ont songé à laisser après eux l'ordre, la paix, des institutions durables, quelquefois même la liberté.

MACHIAVEL.

Oh ! tout cela se fera. Vous voyez bien que, d'après vous-même, les souverains absolus ont du bon.

MONTESQUIEU.

Hélas ! pas trop. Essayez de me prouver le contraire, cependant.

Avez-vous quelque bonne chose à me dire ?

MACHIAVEL.

Je donnerais à l'esprit d'entreprise un essor prodigieux ; mon règne serait le règne des affaires. Je lancerais la spéculation dans des voies nouvelles et jusqu'alors inconnues. Mon administration desserrerait même quelques-uns de ses anneaux. J'affranchirais de la réglementation une foule d'industries : les bouchers, les boulangers et les entrepreneurs de théâtres seraient libres.

MONTESQUIEU.

Libres de faire quoi ?

MACHIAVEL.

Libres de faire du pain, libres de vendre de la viande, et libres d'organiser des entreprises théâtrales, sans la permission de l'autorité.

MONTESQUIEU.

Je ne sais ce que cela signifie. La liberté de l'industrie est de droit commun chez les peuples modernes. N'avez-vous rien de mieux à m'apprendre ?

MACHIAVEL.

Je m'occuperais constamment du sort du peuple. Mon gouvernement lui procurerait du travail.

MONTESQUIEU.

Laissez le peuple en trouver de lui-même, cela vaudra mieux. Les pouvoirs politiques n'ont pas le droit de faire de la popularité avec les deniers de leurs sujets. Les revenus publics ne sont pas autre chose qu'une cotisation collective, dont le produit ne doit servir qu'à des services généraux ; les classes ouvrières que l'on habitue à compter sur l'Etat tombent dans l'avilissement ; elles perdent leur énergie, leur élan, leur fonds d'industrie intellectuelle. Le salariat par l'Etat les jette dans une sorte de servage, dont elles ne peuvent plus se relever qu'en détruisant l'Etat lui-même. Vos constructions engloutissent des sommes énormes dans des dépenses improductives ; elles raréfient les capitaux, tuent la petite industrie, anéantissent le crédit dans les couches inférieures de la société. La faim est au bout de toutes vos combinaisons. Faites des économies, et vous bâtirez après. Gouvernez avec modération, avec justice, gouvernez le moins possible, et le peuple n'aura rien à vous demander parce qu'il n'aura pas besoin de vous.

MACHIAVEL.

Ah! que vous envisagez d'un œil froid les misères du peuple! Les principes de mon gouvernement sont bien autres; je porte dans mon cœur les êtres souffrants, les petits. Je m'indigne quand je vois les riches se procurer des jouissances inaccessibles au plus grand nombre. Je ferai tout ce que je pourrai pour améliorer la condition matérielle des travailleurs, des manœuvres, de ceux qui plient sous le poids de la nécessité sociale.

MONTESQUIEU.

Eh bien! commencez donc par leur donner les ressources que vous affectez aux émoluments de vos grands dignitaires, de vos ministres, de vos personnages consulaires. Réservez-leur les largesses que vous prodiguez sans compter à vos pages, à vos courtisans, à vos maîtresses.

Faites mieux, déposez la pourpre dont la vue est un affront à l'égalité des hommes. Débarrassez-vous des titres de Majesté, d'Altesse, d'Excellence, qui entrent dans les oreilles orgueilleuses comme des fers aigus. Appelez-vous protecteur comme Cromwell, mais ayez les actes des apôtres; allez vivre dans la chaumière du pauvre, comme Alfred le Grand, coucher dans les hôpitaux, vous étendre sur le lit des malades comme saint Louis. Il est trop facile de faire de la charité évangélique quand on passe sa vie au milieu des fes-

tins, quand on repose le soir dans des lits somptueux,
avec de belles dames, quand, à son coucher et à son
lever, on a de grands personnages qui s'empressent à
vous mettre la chemise. Soyez père de famille et non
despote, patriarche et non prince.

Si ce rôle ne vous va pas, soyez chef d'une République démocratique, donnez la liberté, introduisez-la
dans les mœurs, de vive force, si c'est votre tempérament. Soyez Lycurgue, soyez Agésilas, soyez un
Gracque, mais je ne sais ce que c'est que cette molle
civilisation où tout fléchit, où tout se décolore à côté
du prince, où tous les esprits sont jetés dans le même
moule, toutes les âmes dans le même uniforme ; je comprends qu'on aspire à régner sur des hommes, mais non
sur des automates.

MACHIAVEL.

Voilà un débordement d'éloquence que je ne puis
pas arrêter. C'est avec ces phrases-là qu'on renverse
les gouvernements.

MONTESQUIEU.

Hélas ! Vous n'avez jamais d'autre préoccupation
que celle de vous maintenir. Pour mettre à l'épreuve
votre amour du bien public, on n'aurait qu'à vous
demander de descendre du trône au nom du salut de
l'Etat. Le peuple, dont vous êtes l'élu, n'aurait qu'à
vous exprimer sa volonté à cet égard pour savoir le cas
que vous faites de sa souveraineté.

MACHIAVEL.

Quelle étrange question ! N'est-ce pas pour son bien
que je lui résisterais ?

MONTESQUIEU.

Qu'en savez-vous? Si le peuple est au-dessus de
vous, de quel droit subordonnez-vous sa volonté à la
vôtre? Si vous êtes librement accepté, si vous êtes
non pas juste, mais seulement nécessaire, pourquoi

attendez-vous tout de la force et rien de la raison? Vous faites bien de trembler sans cesse pour votre règne, car vous êtes de ceux qui durent un jour.

MACHIAVEL.

Un jour! je durerai toute ma vie, et mes descendants peut-être après moi. Vous connaissez mon système politique, économique, financier. Voulez-vous connaître les derniers moyens à l'aide desquels je pousserai jusqu'aux dernières couches du sol les racines de ma dynastie ?

MONTESQUIEU.

Non.

MACHIAVEL.

Vous refusez de m'entendre, vous êtes vaincu ; vous, vos principes, votre école et votre siècle.

MONTESQUIEU.

Vous insistez, parlez, mais que cet entretien soit le dernier.

VINGT-TROISIEME DIALOGUE.

MACHIAVEL.

Je ne réponds à aucun de vos mouvements oratoires.
Les entraînements d'éloquence n'ont que faire ici.
Dire à un souverain : Voudriez-vous descendre de
votre trône pour le bonheur de votre peuple, n'est-ce
pas folie? Lui dire encore : Puisque vous êtes une
émanation du suffrage populaire, confiez-vous à ses
fluctuations, laissez-vous discuter, est-ce possible?
Est-ce que tout pouvoir constitué n'a pas pour première loi de se défendre, non pas seulement dans son
intérêt, mais dans l'intérêt du peuple qu'il gouverne?
N'ai-je pas fait le plus grand sacrifice qu'il soit possible de faire aux principes d'égalité des temps modernes? Un gouvernement issu du suffrage universel,
n'est-il pas, en définitive, l'expression de la volonté du
plus grand nombre? Vous me direz que ce principe est
destructeur des libertés publiques; qu'y puis-je faire?
Quand ce principe est entré dans les mœurs, connaissez-vous le moyen de l'en arracher? Et, s'il n'en peut
être arraché, connaissez-vous un moyen de le réaliser,
dans les grandes sociétés européennes, autrement que
par le bras d'un seul homme? Vous êtes sévère sur les
moyens de gouvernement : indiquez-moi un autre mode
d'exécution, et, s'il n'y en a pas d'autre que le pouvoir
absolu, dites-moi comment ce pouvoir peut se séparer
des imperfections spéciales auxquelles son principe le
condamne.

Non, je ne suis pas un saint Vincent de Paule, car
mes sujets ont besoin, non pas d'une âme évangélique,
mais d'un bras ; je ne suis non plus un Agésilas, ni un

Lycurgue, ni un Gracque, parce que je ne suis ni chez des Spartiates, ni chez des Romains ; je suis au sein de sociétés voluptueuses, qui allient la fureur des plaisirs à celle des armes, les transports de la force avec ceux des sens, qui ne veulent plus d'autorité divine, plus d'autorité paternelle, plus de frein religieux. Est-ce moi qui ait créé le monde au milieu duquel je vis? Je suis tel, parce qu'il est tel. Aurais-je la puissance d'arrêter sa pente? Non, je ne peux que prolonger sa vie parce qu'elle se dissoudrait plus vite encore si elle était livrée à elle-même. Je prends cette société par ses vices, parce qu'elle ne me présente que des vices ; si elle avait des vertus, je la prendrais par ses vertus.

Mais si d'austères principes peuvent insulter à ma puissance, est-ce donc qu'ils peuvent méconnaître les services réels que je rends, mon génie, et même ma grandeur ?

Je suis le bras, je suis l'épée des Révolutions qu'égare le souffle avant-coureur de la destruction finale. Je contiens des forces insensées qui n'ont d'autre mobile, au fond, que la brutalité des instincts, qui courent à la rapine sous le voile des principes. Si je discipline ces forces, si j'en arrête l'expansion dans ma patrie, ne fût-ce qu'un siècle, n'ai-je pas bien mérité d'elle? ne puis-je même prétendre à la reconnaissance des Etats européens qui tournent les yeux vers moi, comme vers l'Osiris qui, seul, a la puissance de captiver ces foules frémissantes? Portez donc vos yeux plus haut et inclinez-vous devant celui qui porte à son front le signe fatal de la prédestination humaine.

MONTESQUIEU.

Ange exterminateur, petit-fils de Tamerlan, réduisez les peuples à l'ilotisme, vous n'empêcherez pas qu'il n'y ait quelque part des âmes libres qui vous braveront, et leur dédain suffirait pour sauvegarder les droits de la conscience humaine rendus imprescriptibles par Dieu.

MACHIAVEL.

Dieu protége les forts.

MONTESQUIEU.

Arrivez donc, je vous prie, aux derniers anneaux de la chaîne que vous avez forgée. Serrez-la bien, usez de l'enclume et du marteau, vous pouvez tout. Dieu vous protége, c'est lui-même qui guide votre étoile.

MACHIAVEL.

J'ai peine à comprendre l'animation qui règne maintenant dans vos paroles. Suis-je donc si dur, moi qui ai pris pour politique finale, non la violence, mais l'effacement? Rassurez-vous donc, je vous apporte plus d'une consolation inattendue. Seulement laissez-moi prendre encore quelques précautions que je crois nécessaires à ma sûreté : vous verrez qu'avec celles dont je m'entoure, un prince n'a rien à craindre des événements.

Nos écrits ont plus d'un rapport, quoi que vous en disiez, et je crois qu'un despote qui veut être complet ne doit pas non plus se dispenser de vous lire. Ainsi, vous remarquez fort bien dans l'*Esprit des Lois* qu'un monarque absolu doit avoir une garde prétorienne nombreuse (1); l'avis est bon, je le suivrai. Ma garde serait d'un tiers environ de l'effectif de mon armée. Je suis grand amateur de la conscription, qui est une des plus belles inventions du génie français, mais je crois qu'il faut perfectionner cette institution en essayant de retenir sous les armes le plus grand nombre possible de ceux qui ont achevé le temps de leur service. J'y parviendrais, je crois, en m'emparant résolûment de l'espèce de commerce qui se fait dans quelques Etats,

_____

(1) *Esp. des Lois*, liv. X, ch. XV, p. 127.

comme en France, par exemple, sur les engagements volontaires à prix d'argent. Je supprimerais ce négoce hideux et je l'exercerais moi-même honnêtement sous la forme d'un monopole en créant une caisse de dotation de l'armée qui me servirait à appeler sous les drapeaux par l'appât de l'argent et à y retenir par le même moyen ceux qui voudraient se vouer exclusivement à l'état militaire.

MONTESQUIEU.

Ce sont donc des espèces de mercenaires que vous aspirez à former dans votre propre patrie !

MACHIAVEL.

Oui, la haine des partis dira cela, quand je ne suis mû que par le bien du peuple et par l'intérêt, d'ailleurs si légitime, de ma conservation, qui est le bien commun de mes sujets.

Passons à d'autres objets. Ce qui va vous étonner, c'est que je reviens aux constructions. Je vous ai prévenu que nous y serions ramenés. Vous allez voir l'idée politique qui surgit du vaste système de constructions que j'ai entrepris ; je réalise par là une théorie économique qui a fait beaucoup de désastres dans certains Etats de l'Europe, la théorie de l'organisation du travail permanent pour les classes ouvrières. Mon règne leur promet un salaire indéfini. Moi mort, mon système abandonné, plus de travail ; le peuple est en grève et monte à l'assaut des classes riches. On est en pleine Jacquerie : perturbation industrielle, anéantissement du crédit, insurrection dans mon Etat, soulèvement autour de lui ; l'Europe est en feu. Je m'arrête. Dites-moi si les classes privilégiées, qui tremblent bien naturellement pour leur fortune, ne feront pas cause commune, et la cause la plus étroite avec les classes ouvrières pour me maintenir, moi ou ma dynastie ; si d'autre part, l'intérêt de la tranquillité européenne

n'y rattachera pas toutes les puissances de premier
ordre.

La question des constructions, qui paraît mince, est
donc en réalité, comme vous le voyez, une question
colossale. Quand il s'agit d'un objet de cette importance, il ne faut pas ménager les sacrifices. Avez-vous
remarqué que presque toutes mes conceptions politiques se doublent d'une combinaison financière? C'est
encore ce qui m'arrive ici. J'instituerai une caisse des
travaux publics que je doterai de plusieurs centaines de
millions à l'aide desquels je provoquerai aux constructions sur la surface entière de mon royaume. Vous avez
deviné mon but : je tiens debout la Jacquerie ouvrière:
c'est l'autre armée dont j'ai besoin contre les factions.
Mais cette masse de prolétaires qui est dans ma main,
il ne faut pas maintenant qu'elle puisse se retourner
contre moi au jour où elle serait sans pain. C'est à quoi
je pourvois par les constructions elles-mêmes, car ce
qu'il y a de particulier dans mes combinaisons, c'est
que chacune d'elles fournit en même temps ses corol-
laires. L'ouvrier qui construit pour moi construit en
même temps contre lui les moyens de défense dont j'ai
besoin. Sans le savoir, il se chasse lui-même des grands
centres où sa présence m'inquiéterait ; il rend à jamais
impossible le succès des révolutions qui se font dans la
rue. Le résultat des grandes constructions, en effet, est
de raréfier l'espace où peut vivre l'artisan, de le refou-
ler aux faubourgs, et bientôt de les lui faire abandonner ; car la cherté des subsistances croît avec l'élévation
du taux des loyers. Ma capitale ne sera guère habi-
table, pour ceux qui vivent d'un travail quotidien, que
dans la partie la plus rapprochée de ses murs. Ce n'est
donc pas dans les quartiers voisins du siège des auto-
rités que les insurrections pourront se former. Sans
doute, il y aura autour de la capitale une population

ouvrière immense, redoutable dans un jour de colère ;
mais les constructions que j'élèverais seraient toutes
conçues d'après un plan stratégique, c'est-à-dire,
qu'elles livreraient passage à de grandes voies où, d'un
bout à l'autre, pourrait circuler le canon. L'extrémité
de ces grandes voies se relierait à une quantité de
casernes. espèces de bastilles, pleines d'armes, de soldats et de munitions. Il faudrait que mon successeur
fût un vieillard imbécile ou un enfant pour se laisser
tomber devant une insurrection, car, sur un ordre de
sa main, quelques grains de poudre balaieraient l'émeute
jusqu'à vingt lieues de la capitale. Mais le sang qui
coule dans mes veines est brûlant et ma race a tous les
signes de la force. M'écoutez-vous ?

MONTESQUIEU.

Oui.

MACHIAVEL.

Mais vous comprenez bien que je n'entends pas rendre la vie matérielle difficile à la population ouvrière
de la capitale, et je rencontre là un écueil, c'est incontestable ; mais la fécondité de ressources que doit avoir
mon gouvernement me suggérerait une idée ; ce serait
de bâtir pour les gens du peuple de vastes cités où les
logements seraient à bas prix, et où leurs masses se
trouveraient réunies par cohortes comme dans de vastes
familles.

MONTESQUIEU.

Des souricières !

MACHIAVEL.

Oh ! l'esprit de dénigrement, la haine acharnée des
partis ne manquera pas de dénigrer mes institutions. On
dira ce que vous dites. Peu m'importe, si le moyen ne
réussit pas on en trouvera un autre.

Je ne dois pas abandonner le chapitre des constructions sans mentionner un détail bien insignifiant en

apparence ; mais qu'y a-t-il d'insignifiant en politique ?
Il faut que les innombrables édifices que je construirai
soient marqués à mon nom, qu'on y trouve des attri-
buts, des bas-reliefs, des groupes qui rappellent un sujet
de mon histoire. Mes armes, mon chiffre doivent être
entrelacés partout. Ici, ce seront des anges qui soutien-
dront ma couronne ; plus loin, des statues de la Justice et
de la Sagesse qui supporteront mes initiales. Ces points
sont de la dernière importance ; j'y tiens essentiellement.

C'est par ces signes, par ces emblèmes que la personne du souverain est toujours présente ; on vit avec
lui, avec son souvenir, avec sa pensée. Le sentiment de
sa souveraineté absolue entre dans les esprits les plus
rebelles comme la goutte d'eau qui tombe incessamment du rocher creuse le pied de granit. Par la même
raison je veux que ma statue, mon buste, mes portraits
soient dans tous les établissements publics, dans l'au-
ditoire des tribunaux surtout ; que l'on me représente
en costume royal ou à cheval.

MONTESQUIEU.

A côté de l'image du Christ.

MACHIAVEL.

Non pas, sans doute, mais en face ; car la puissance
souveraine est une image de la puissance divine. Mon
image s'allie ainsi avec celle de la Providence et de la
Justice.

MONTESQUIEU.

Il faut que la justice elle-même porte votre livrée.
Vous n'êtes pas un chrétien, vous êtes un empereur
grec du Bas-Empire.

MACHIAVEL.

Je suis un empereur catholique, apostolique et romain. Par les mêmes raisons que celles que je viens de
vous déduire, je veux que l'on donne mon nom, le nom

royal, aux établissements publics, de quelque nature qu'ils soient. Tribunal royal, Cour royale, Académie royale, Corps législatif royal, Sénat royal, Conseil d'Etat royal; autant que possible ce même vocable sera donné aux fonctionnaires, aux agents, au personnel officiel qui entoure le gouvernement. Lieutenant du roi, archevêque du roi, comédien du roi, juge du roi, avocat du roi. Enfin, le nom de royal sera imprimé à quiconque, hommes ou choses, représentera un signe de puissance. Ma fête seule sera une fête nationale et non pas royale. J'ajoute encore qu'il faut, autant que possible, que les rues, les places publiques, les carrefours portent des noms qui rappellent les souvenirs historiques de mon règne. Si l'on suit bien ces indications, fût-on Caligula ou Néron, on est certain de s'imprimer à jamais dans la mémoire des peuples et de transmettre son prestige à la postérité la plus reculée. Que de choses n'ai-je point encore à ajouter ! il faut que je me borne,

> Car qui pourrait tout dire sans un mortel ennui (1) ?

Me voici arrivé aux petits moyens ; je le regrette, car ces choses ne sont peut-être pas dignes de votre attention, mais, pour moi, elles sont vitales.

La bureaucratie est, dit-on, une plaie des gouvernements monarchiques ; je n'en crois rien. Ce sont des milliers de serviteurs qui sont naturellement rattachés à l'ordre de choses existant. J'ai une armée de soldats, une armée de juges, une armée d'ouvriers, je veux une armée d'employés.

MONTESQUIEU.

Vous ne vous donnez plus la peine de rien justifier.

---

(1) Cette phrase se trouve dans la préface de l'*Esprit des lois*, p. 1.
(Note de l'Editeur.)

MACHIAVEL.

En ai-je le temps?

MONTESQUIEU.

Non, passez.

MACHIAVEL.

Dans les Etats qui ont été monarchiques, et ils l'ont tous été au moins une fois, j'ai constaté qu'il y avait une véritable frénésie pour les cordons, pour les rubans. Ces choses ne coûtent presque rien au prince, et il peut faire des heureux, mieux que cela, des fidèles, au moyen de quelques pièces d'étoffe, de quelques hochets en argent ou en or. Peu s'en faudrait, en vérité, que je ne décorasse sans exception ceux qui me le demanderaient : un homme décoré est un homme donné. Je ferais de ces marques de distinction un signe de ralliement pour les sujets dévoués ; j'aurais, je crois bien, à ce prix, les onze douzièmes de mon royaume. Je réalise par là, autant que je le puis, les instincts d'égalité de la nation. Remarquez bien ceci : plus une nation en général tient à l'égalité, plus les individus ont de passion pour les distinctions. C'est donc là un moyen d'action dont il serait trop malhabile de se priver. Bien loin par suite de renoncer aux titres, comme vous me l'avez conseillé, je les multiplierais autour de moi en même temps que les dignités. Je veux dans ma cour l'étiquette de Louis XIV, la hiérarchie domestique de Constantin, un formalisme diplomatique sévère, un cérémonial imposant; ce sont là des moyens de gouvernement infaillibles sur l'esprit des masses. A travers tout cela, le souverain apparaît comme un dieu.

On m'assure que dans les Etats en apparence les plus démocratiques par les idées, l'ancienne noblesse monarchique n'a presque rien perdu de son prestige. Je me donnerais pour chambellans les gentilhommes de la plus vieille roche. Beaucoup d'antiques noms seraient éteints sans doute ; en vertu de mon pouvoir souverain, je les ferais revivre avec les titres, et l'on trouverait à ma cour les plus grands noms de l'histoire depuis Charlemagne.

Il est possible que ces conceptions vous paraissent bizarres, mais ce que je vous affirme, c'est qu'elles feront plus pour la consolidation de ma dynastie que les lois les plus sages. Le culte du prince est une sorte de religion, et, comme toutes les religions possibles, ce culte impose des contradictions et des mystères au-dessus de la raison (1). Chacun de mes actes, quelque inexplicable qu'il soit en apparence, procède d'un calcul dont l'unique objet est mon salut et celui de ma dynastie. Ainsi que je le dis, d'ailleurs, dans le *Traité du Prince*, ce qui est réellement difficile, c'est d'acquérir le pouvoir ; mais il est facile de le conserver, car il suffit en somme d'ôter ce qui nuit et d'établir ce qui protége. Le trait essentiel de ma politique, comme vous avez pu le voir, a été de me rendre indispensable (2) ; j'ai détruit autant de forces organisées qu'il l'a fallu pour que rien ne pût plus marcher sans moi, pour que les ennemis mêmes de mon pouvoir tremblassent de le renverser.

Ce qui me reste à faire maintenant ne consiste plus que dans le développement des moyens moraux qui sont en germe dans mes institutions. Mon règne est un règne de plaisirs ; vous ne me défendez pas d'égayer mon peuple par des jeux, par des fêtes : c'est par là que j'adoucis les mœurs. On ne peut pas se dissimuler que ce siècle ne soit un siècle d'argent ; les besoins ont doublé, le luxe ruiné les familles ; de toutes parts on aspire aux jouissances matérielles ; il faudrait qu'un

(1) *Esprit des lois*, liv. XXV, chap. II, p. 386.
(2) *Traité du Prince*, chap. IX, p. 65.

souverain ne fût guère de son temps pour ne pas savoir faire tourner à son profit cette passion universelle de l'argent et cette fureur sensuelle qui consume aujourd'hui les hommes. La misère les serre comme dans un étau, la luxure les presse, l'ambition les dévore, ils sont à moi. Mais quand je parle ainsi, au fond c'est l'intérêt de mon peuple qui me guide. Oui, je ferai sortir le bien du mal ; j'exploiterai le matérialisme au profit de la concorde et de la civilisation ; j'éteindrai les passions politiques des hommes en apaisant les ambitions, les convoitises et les besoins. Je prétends avoir pour serviteurs de mon règne ceux qui, sous les gouvernements précédents, auront fait le plus de bruit au nom de la liberté. Les plus austères vertus sont comme celle de la femme de Joconde : il suffit de doubler toujours le prix de la défaite. Ceux qui résisteront à l'argent ne résisteront pas aux honneurs ; ceux qui résisteront aux honneurs ne résisteront pas à l'argent. En voyant tomber à leur tour ceux que l'on croyait le plus purs, l'opinion publique s'affaiblira à tel point qu'elle finira par abdiquer complétement. Comment pourra-t-on se plaindre en définitive ? Je ne serai rigoureux que pour ce qui aura trait à la politique ; je ne persécuterai que cette passion ; je favoriserai même secrètement les autres par les mille voies souterraines dont dispose le pouvoir absolu.

MONTESQUIEU.

Après avoir détruit la conscience politique, vous deviez entreprendre de détruire la conscience morale ; vous avez tué la société, maintenant vous tuez l'homme. Plût à Dieu que vos paroles retentissent jusque sur la terre ! jamais réfutation plus éclatante de vos propres doctrines n'aurait frappé les oreilles humaines.

MACHIAVEL.

Laissez-moi finir.

VINGT-QUATRIEME DIALOGUE.

MACHIAVEL.

Il ne me reste plus maintenant qu'à vous indiquer certaines particularités de ma manière d'agir, certaines habitudes de conduite qui donneront à mon gouvernement sa dernière physionomie.

En premier lieu, je veux que mes desseins soient impénétrables même pour ceux qui m'approcheront le plus près. Je serais, sous ce rapport, comme Alexandre VI et le duc de Valentinois, dont on disait proverbialement à la cour de Rome, du premier, « qu'il ne faisait jamais ce qu'il disait; du second, qu'il ne disait jamais ce qu'il faisait. » Je ne communiquerais mes projets que pour en ordonner l'exécution, et je ne donnerais mes ordres qu'au dernier moment. Borgia n'en usait jamais autrement; ses ministres eux-mêmes ne savaient rien, et l'on était toujours réduit autour de lui à de simples conjectures. J'ai le don de l'immobilité; mon but est là, je regarde d'un autre côté, et quand il est à ma portée, je me retourne tout à coup et je fonds sur ma proie avant qu'elle n'ait eu le temps de jeter un cri.

Vous ne sauriez croire quel prestige une telle puissance de dissimulation donne au prince. Quand elle est jointe à la vigueur de l'action, un respect superstitieux l'environne, ses conseillers se demandent tout bas ce qui sortira de sa tête, le peuple ne place sa confiance qu'en lui; il personnifie à ses yeux la Providence dont les voies sont inconnues. Quand le peuple le voit passer, il songe avec une terreur involontaire à ce qu'il pourrait d'un signe de la nuque ; les Etats voisins sont toujours dans la crainte, et le comblent de marques de déférence, car ils ne savent jamais si quelque entreprise toute prête ne fondra pas sur eux du jour au lendemain.

MONTESQUIEU.

Vous êtes fort contre votre peuple parce que vous le tenez sous votre genou, mais si vous trompez les Etats avec qui vous traitez comme vous trompez vos sujets, vous serez bientôt étouffé dans les bras d'une coalition.

MACHIAVEL.

Vous me faites sortir de mon sujet, car je ne m'occupe ici que de ma politique intérieure ; mais si vous voulez savoir un des principaux moyens à l'aide desquels je tiendrais en échec la coalition des haines étrangères, le voici : Je règne sur un puissant royaume, je vous l'ai dit ; eh bien ! je chercherais autour de mes Etats quelque grand pays déchu qui aspirât à se relever, je le relèverais tout entier à la faveur de quelque guerre générale, comme cela s'est vu pour la Suède, pour la Prusse, comme cela peut se voir d'un jour à l'autre pour l'Allemagne ou pour l'Italie, et ce pays, qui ne vivrait que par moi, qui ne serait qu'une émanation de mon existence, me donnerait, tant que je serais debout, trois cent mille hommes de plus contre l'Europe armée.

MONTESQUIEU.

Et le salut de votre Etat à côté duquel vous élèveriez ainsi une puissance rivale et par suite ennemie dans un temps donné ?

MACHIAVEL.

Avant tout je me conserve.

MONTESQUIEU.

Ainsi vous n'avez rien, pas même le souci des destinées de votre royaume (1)?

MACHIAVEL.

Qui vous dit cela? Pourvoir à mon salut, n'est-ce pas pourvoir en même temps au salut de mon royaume?

MONTESQUIEU.

Votre physionomie royale se dégage de plus en plus; je veux la voir tout entière.

MACHIAVEL.

Daignez donc ne pas m'interrompre.

Il s'en faut bien qu'un prince, quelle que soit sa force de tête, trouve toujours en lui les ressources d'esprit nécessaires. Un des plus grands talents de l'homme d'Etat consiste à s'approprier les conseils qu'il entend autour de lui. On trouve très-souvent dans son entourage des avis lumineux. J'assemblerais donc très-souvent mon conseil, je le ferais discuter, débattre devant moi les questions les plus importantes. Quand le souverain se défie de ses impressions, ou n'a pas assez de ressources de langage pour déguiser sa véritable pensée, il doit rester muet ou ne parler que pour engager plus avant la discussion. Il est très-rare que, dans un conseil bien composé, le véritable parti à prendre, dans telle situation donnée, ne se formule pas de manière ou d'autre. On le saisit, et très-souvent l'un de ceux qui ont donné fort obscurément leur avis est tout étonné le lendemain de le voir exécuté.

Vous avez pu voir, dans mes institutions et dans mes actes, quelle attention j'ai toujours mise à créer des apparences; il en faut dans les paroles comme dans

---

(1) On ne peut se dissimuler qu'ici Machiavel ne soit en contradiction avec lui-même, car il dit formellement, ch. IV, p, 26, « que le prince qui en rend un autre puissant travaille à sa propre ruine. »

(*Note de l'éditeur.*)

les actes. Le comble de l'habileté est de faire croire à
sa franchise, quand on a une foi punique. Non-seulement mes desseins seront impénétrables, mais mes paroles signifieront presque toujours le contraire de ce
qu'elles paraîtront indiquer. Les initiés seuls pourront
pénétrer le sens des mots caractéristiques qu'à de certains
moments je laisserai tomber du haut du trône : quand
je dirai : *Mon règne, c'est la paix*, c'est que ce sera la
guerre ; quand je dirai que je fais appel aux *moyens
moraux*, c'est que je vais user des moyens de la force.
M'écoutez-vous ?

MONTESQUIEU.

Oui.

MACHIAVEL.

Vous avez vu que ma presse a cent voix et qu'elles
parlent incessamment de la grandeur de mon règne, de
l'enthousiasme de mes sujets pour leur souverain ; qu'elles mettent en même temps dans la bouche du public
les opinions, les idées et jusqu'aux formules de langage
qui doivent défrayer ses entretiens ; vous avez vu également que mes ministres étonnent sans relâche le public des témoignages incontestables de leurs travaux.
Quant à moi, je parlerais rarement, une fois l'année
seulement, puis çà et là dans quelques grandes circonstances. Aussi chacune de mes manifestations serait
accueillie, non-seulement dans mon royaume, mais dans
l'Europe entière, comme un événement.

Un prince dont le pouvoir est fondé sur une base démocratique, doit avoir un langage soigné, mais cependant populaire. Au besoin il ne doit pas craindre de
parler en démagogue, car après tout il est le peuple, et
il en doit avoir les passions. Il faut avoir pour lui certaines attentions, certaines flatteries, certaines démonstrations de sensibilité qui trouveront place à l'occasion.
Peu importe que ces moyens paraissent infimes ou pué-

rils aux yeux du monde, le peuple n'y regardera pas
de si près et l'effet sera produit.

Dans mon ouvrage je recommande au prince de prendre pour type quelque grand homme du temps passé,
dont il doit autant que possible suivre les traces (1). Ces
assimilations historiques font encore beaucoup d'effet
sur les masses; on grandit dans leur imagination, on se
donne de son vivant la place que la postérité vous réserve. On trouve d'ailleurs dans l'histoire de ces grands
hommes des rapprochements, des indications utiles,
quelquefois des situations identiques, dont on tire des
enseignements précieux, car toutes les grandes leçons
politiques sont dans l'histoire. Quand on a trouvé un
grand homme avec qui l'on a des analogies, on peut
faire mieux encore : vous savez que les peuples aiment
qu'un prince ait l'esprit cultivé, qu'il ait le goût des
lettres, qu'il en ait même le talent. Eh bien! le prince
ne saurait mieux employer ses loisirs qu'à écrire, par
exemple, l'histoire du grand homme des temps passés
qu'il a pris pour modèle. Une philosophie sévère peut
taxer ces choses de faiblesse. Quand le souverain est
fort, on les lui pardonne, et elles lui donnent je ne sais
quelle grâce.

Certaines faiblesses et même certains vices servent
d'ailleurs le prince autant que des vertus. Vous avez
pu reconnaître la vérité de ces observations d'après
l'usage que j'ai dû faire tantôt de la duplicité et tantôt de la violence. Il ne faut pas croire, par exemple,
que le caractère vindicatif du souverain puisse lui nuire ;
bien au contraire. S'il est souvent opportun d'user de
la clémence ou de la magnanimité, il faut qu'à de certains moments sa colère s'appesantisse d'une manière
terrible. L'homme est l'image de Dieu, et la divinité

(1) *Traité du Prince*, ch. XIV, p. 98.

n'a pas moins de rigueur dans ses coups de miséricorde. Quand j'aurais résolu la perte de mes ennemis, je les écraserais donc jusqu'à ce qu'il n'en reste plus que poussière. Les hommes ne se vengent que des injures légères ; ils ne peuvent rien contre les grandes (1). C'est du reste ce que je dis expressément dans mon livre. Le prince n'a que le choix des instruments qui doivent servir à son courroux ; il trouvera toujours des juges prêts à sacrifier leur conscience à ses projets de vengeance ou de haine.

Ne craignez pas que le peuple s'émeuve jamais des coups que je porterai. D'abord, il aime à sentir la vigueur du bras qui commande, et puis il hait naturellement ce qui s'élève, il se réjouit instinctivement quand on frappe au-dessus de lui. Peut-être ne savez-vous pas bien d'ailleurs avec quelle facilité on oublie. Quand le moment des rigueurs est passé, c'est à peine si ceux-là mêmes que l'on a frappés se souviennent. A Rome, au temps du Bas-Empire, Tacite rapporte que les victimes couraient avec je ne sais quelle jouissance au-devant des supplices. Vous entendez parfaitement qu'il ne s'agit de rien de semblable dans les temps modernes ; les mœurs sont devenues fort douces : quelques proscriptions, des emprisonnements, la déchéance des droits civiques ce sont là des châtiments bien légers. Il est vrai que, pour arriver à la souveraine puissance, il a fallu verser du sang et violer bien des droits ; mais, je vous le répète, tout s'oublie. La moindre cajolerie du prince, quelques bons procédés de la part de ses ministres ou de ses agents, seront accueillis avec les marques de la plus grande reconnaissance.

S'il est indispensable de punir avec une inflexible rigueur, il faut récompenser avec la même ponctualité :

(1) *Traité du Prince*, ch. III, p. 17.

c'est ce que je ne manquerais jamais de faire. Quiconque aurait rendu un service à mon gouvernement, serait récompensé dès le lendemain. Les places, les distinctions, les plus grandes dignités, formeraient autant d'étapes certaines pour quiconque serait en possession de servir utilement ma politique. Dans l'armée, dans la magistrature, dans tous les emplois publics, l'avancement serait calculé sur la nuance de l'opinion et le degré de zèle à mon gouvernement. Vous êtes muet.

MONTESQUIEU.

Continuez.

MACHIAVEL.

Je reviens sur certains vices et même sur certains travers d'esprit, que je regarde comme nécessaires au prince. Le maniement du pouvoir est une chose formidable. Si habile que soit un souverain, si infaillible que soit son coup d'œil et si vigoureuse que soit sa décision, il y a encore un immense *alea* dans son existence. Il faut être superstitieux. Gardez-vous de croire que ceci soit de légère conséquence. Il est, dans la vie des princes, des situations si difficiles, des moments si graves, que la prudence humaine ne compte plus. Dans ces cas-là, il faut presque jouer au dé ses résolutions. Le parti que j'indique, et que je suivrais, consiste, dans certaines conjonctures, à se rattacher à des dates historiques, à consulter des anniversaires heureux, à mettre telle ou telle résolution hardie sous les auspices d'un jour où l'on a gagné une victoire, fait un coup de main heureux. Je dois vous dire que la superstition a un autre avantage très grand ; le peuple connaît cette tendance. Ces combinaisons augurales réussissent souvent ; il faut aussi les employer lorsque l'on est sûr du succès. Le peuple, qui ne juge que par les résultats, s'habitue à croire que chacun des actes du souverain correspond à des signes célestes, que les coïncidences historiques forcent la main de la fortune.

MONTESQUIEU.

Le dernier mot est dit, vous êtes un joueur.

MACHIAVEL.

Oui, mais j'ai un bonheur inouï, et j'ai la main si sûre, la tête si fertile, que la fortune ne peut pas tourner.

MONTESQUIEU.

Puisque vous faites votre portrait, vous devez avoir encore d'autres vices ou d'autres vertus à faire passer.

MACHIAVEL.

Je vous demande grâce pour la luxure. La passion des femmes sert un souverain bien plus que vous ne pouvez le penser. Henri IV a dû à son incontinence une partie de sa popularité. Les hommes sont ainsi faits, que ce penchant leur plaît chez ceux qui les gouvernent. La dissolution des mœurs a été de tout temps une fureur, une carrière galante dans laquelle le prince doit devancer ses égaux, comme il devance ses soldats devant l'ennemi. Ces idées sont françaises, et je ne pense pas qu'elles déplaisent trop à l'illustre auteur des *Lettres persanes*. Il ne m'est pas permis de tomber dans des considérations trop vulgaires, cependant je ne puis me dispenser de vous dire que le résultat le plus réel de la galanterie du prince, est de lui concilier la sympathie de la plus belle moitié de ses sujets.

MONTESQUIEU.

Vous tournez au madrigal.

MACHIAVEL.

On peut être sérieux et galant : vous en avez fourni la preuve. Je ne rabats rien de ma proposition. L'influence des femmes sur l'esprit public est considérable. En bonne politique, le prince est condamné à faire de la galanterie, alors même qu'au fond il ne s'en soucierait pas ; mais le cas sera rare.

Je puis vous assurer que si je suis bien les règles que

je viens de tracer, on se souciera fort peu de la liberté dans mon royaume. On aura un souverain vigoureux, dissolu, plein d'esprit de chevalerie, adroit à tous les exercices du corps : on l'aimera. Les gens austères n'y feront rien ; on suivra le torrent : bien plus, les hommes indépendants seront mis à l'index : on s'en écartera. On ne croira ni à leur caractère, ni à leur désintéressement. Ils passeront pour des mécontents qui veulent se faire acheter. Si çà et là, je n'encourageais pas le talent, on le repousserait de toutes parts, on marcherait sur les consciences comme sur le pavé. Mais au fond, je serai un prince moral ; je ne permettrai pas que l'on aille au delà de certaines limites. Je respecterai la pudeur publique, partout où je verrai qu'elle veut être respectée. Les souillures ne m'atteindront pas, car je me déchargerai sur d'autres des parties odieuses de l'administration. Ce que l'on pourra dire de pis, c'est que je suis un bon prince mal entouré, que je veux le bien, que je le veux ardemment, que je le ferai toujours, quand on me l'indiquera.

Si vous saviez combien il est facile de gouverner quand on a le pouvoir absolu ! Là, point de contradiction, point de résistance ; on peut suivre à loisir ses desseins, on a le temps de réparer ses fautes. On peut sans opposition faire le bonheur de son peuple, car c'est là ce qui me préoccupe toujours. Je puis vous affirmer que l'on ne s'ennuiera pas dans mon royaume ; les esprits y seront sans cesse occupés par mille objets divers. Je donnerai au peuple le spectacle de mes équipages et des pompes de ma cour, on préparera de grandes cérémonies, je tracerai des jardins, j'offrirai l'hospitalité à des rois, je ferai venir des ambassades des pays les plus reculés. Tantôt ce seront des bruits de guerre, tantôt des complications diplomatiques sur lesquelles on glosera pendant des mois entiers ; j'irai bien loin, je donnerai satisfaction même à la monomanie de la liberté. Les guerres qui se feront sous mon règne seront entreprises au nom de la liberté des peuples et de l'indépendance des nations, et pendant que sur mon passage les peuples m'acclameront, je dirai secrètement à l'oreille des rois absolus : Ne craignez rien, je suis des vôtres ; je porte comme vous une couronne et je tiens à la conserver : *j'embrasse la liberté européenne, mais c'est pour l'étouffer.*

Une seule chose pourrait peut-être, un moment, compromettre ma fortune : ce serait le jour où l'on reconnaîtra de tous côtés que ma politique n'est pas franche, que tous mes actes sont marqués au coin du calcul.

MONTESQUIEU.

Quels seront donc les aveugles qui ne verront pas cela ?

MACHIAVEL.

Mon peuple tout entier, sauf quelques coteries dont je me soucierai peu. J'ai d'ailleurs formé autour de moi une école d'hommes politiques d'une très grande force relative. Vous ne sauriez croire à quel point le machiavélisme est contagieux, et combien ses préceptes sont faciles à suivre. Dans toutes les branches du gouvernement il y aura des hommes de rien, ou de très-peu de conséquence, qui seront de véritables Machiavels au petit pied, qui ruseront, qui dissimuleront, qui mentiront avec un imperturbable sang-froid ; la vérité ne pourra se faire jour nulle part.

MONTESQUIEU.

Si vous n'avez fait que railler d'un bout à l'autre de cet entretien, comme je le crois, Machiavel, je regarde cette ironie comme votre plus magnifique ouvrage.

MACHIAVEL.

Une ironie ! Vous vous trompez bien si vous le pensez. Ne comprenez-vous pas que j'ai parlé sans voiles,

et que c'est la violence terrible de la vérité qui donne
à mes paroles la couleur que vous croyez voir !

MONTESQUIEU.

Vous avez achevé.

MACHIAVEL.

Pas encore.

MONTESQUIEU.

Achevez donc.

VINGT-CINQUIEME DIALOGUE.

MACHIAVEL.

Je régnerai dix ans dans ces conditions, sans changer quoi que ce soit à ma législation ; le succès définitif n'est qu'à ce prix. Rien, absolument rien, ne doit me faire varier pendant cet intervalle ; le couvercle de la chaudière doit être de fer et de plomb ; c'est pendant ce temps que s'élabore le phénomène de destruction de l'esprit factieux. Vous croyez peut-être qu'on est malheureux, qu'on se plaint. Ah ! je serais inexcusable s'il en était ainsi ; mais quand les ressorts seront le plus violemment tendus, quand je pèserai du poids le plus terrible sur la poitrine du peuple, voici ce qu'on dira : Nous n'avons que ce que nous méritons, souffrons.

MONTESQUIEU.

Vous êtes bien aveugle si vous prenez cela pour une apologie de votre règne ; si vous ne comprenez pas que l'expression de ces paroles est un regret violent du passé. C'est là un mot stoïque qui vous annonce le jour du châtiment.

MACHIAVEL.

Vous me troublez. L'heure est venue de détendre les ressorts, je vais rendre des libertés.

MONTESQUIEU.

Mieux vaut mille fois l'excès de votre oppression ; votre peuple vous répondra : Gardez ce que vous avez pris.

MACHIAVEL.

Ah ! que je reconnais bien là la haine implacable des

partis. N'accorder rien à ses adversaires politiques, rien, pas même les bienfaits !

MONTESQUIEU.

Non, Machiavel, rien avec vous, rien ! la victime immolée ne reçoit pas de bienfaits de son bourreau.

MACHIAVEL.

Ah ! que je pénétrerais aisément à cet égard la pensée secrète de mes ennemis ! Ils se flattent, ils espèrent que la force d'expansion que je comprime me lancera tôt ou tard dans l'espace. Les insensés ! Ils ne me connaîtront bien qu'à la fin. En politique, que faut-il pour prévenir tout danger avec la plus grande compression possible ? une imperceptible ouverture. On l'aura.

Je ne rendrai pas des libertés considérables, à coup sûr ; eh bien ! voyez pourtant à quel point l'absolutisme aura déjà pénétré dans les mœurs. Je puis gager qu'au premier bruit de ces libertés, il s'élèvera autour de moi des rumeurs d'épouvante. Mes ministres, mes conseillers s'écrieront que j'abandonne le gouvernail, que tout est perdu. On me conjurera, au nom du salut de l'Etat, au nom du pays, de n'en rien faire ; le peuple dira : A quoi songe-t-il ? son génie baisse ; les indifférents diront : Le voilà à bout ; les haineux diront : Il est mort.

MONTESQUIEU.

Et ils auront tous raison, car un publiciste moderne (1) a dit avec une grande vérité : « Veut-on « ravir aux hommes leurs droits ? il ne faut rien faire « à demi. Ce qu'on leur laisse, leur sert à reconquérir « ce qu'on leur enlève. La main qui reste libre dégage « l'autre de ses fers. »

MACHIAVEL.

C'est très-bien pensé ; c'est très-vrai ; je sais que je m'expose beaucoup. Vous voyez bien que l'on est

---

(1) Benjamin Constant.   (Note de l'éditeur.)

injuste envers moi, que j'aime plus la liberté qu'on ne le dit. Vous m'avez demandé tout à l'heure si j'avais de l'abnégation, si je saurais me sacrifier pour mes peuples, descendre du trône au besoin ; vous avez maintenant ma réponse, j'en puis descendre par le martyre.

MONTESQUIEU.

Vous êtes bien attendri. Quelles libertés rendez-vous?

MACHIAVEL.

Je permets à ma chambre législative de me témoigner chaque année, au moment du jour de l'an, l'expression de ses vœux dans une adresse.

MONTESQUIEU.

Mais puisque l'immense majorité de la chambre vous est dévouée, que pouvez-vous recueillir sinon des remerciements et des témoignages d'admiration et d'amour ?

MACHIAVEL.

Eh bien! oui. Ces témoignages ne sont-ils pas naturels?

MONTESQUIEU.

Sont-ce toutes les libertés ?

MACHIAVEL.

Mais cette première concession est considérable, quoi que vous en disiez. Je ne m'en tiendrai cependant pas là. Il s'opère aujourd'hui en Europe un certain mouvement d'esprit contre la centralisation, non pas chez les masses, mais dans les classes éclairées. Je décentraliserai, c'est-à-dire que je donnerai à mes gouverneurs de province le droit de trancher beaucoup de petites questions locales soumises auparavant à l'approbation de mes ministres.

MONTESQUIEU.

Vous ne faites que rendre la tyrannie plus insupportable, si l'élément municipal n'est pour rien dans cette réforme.

MACHIAVEL.

Voilà bien la précipitation fatale de ceux qui réclament des réformes : il faut marcher à pas prudents dans la voie de la liberté. Je ne m'en tiens cependant pas là : je donne des libertés commerciales.

MONTESQUIEU.

Vous en avez déjà parlé.

MACHIAVEL.

C'est que le point industriel me touche toujours : je ne veux pas qu'on dise que ma législation va, par un excès de défiance envers le peuple, jusqu'à l'empêcher de pourvoir lui-même à sa subsistance. C'est pour cette raison que je fais présenter aux chambres des lois qui ont pour objet de déroger un peu aux dispositions prohibitives de l'association. Du reste, la tolérance de mon gouvernement rendait cette mesure parfaitement inutile, et comme, en fin de compte, il ne faut pas se désarmer, rien ne sera changé à la loi, si ce n'est la formule de la rédaction. On a aujourd'hui, dans les chambres, des députés qui se prêtent très-bien à ces innocents stratagèmes.

MONTESQUIEU.

Est-ce tout ?

MACHIAVEL.

Oui, car c'est beaucoup, trop peut-être ; mais je crois pouvoir me rassurer : mon armée est enthousiaste, ma magistrature fidèle, et ma législation pénale fonctionne avec la régularité et la précision de ces mécanismes tout-puissants et terribles que la science moderne a inventés.

MONTESQUIEU.

Ainsi, vous ne touchez pas aux lois de la presse ?

MACHIAVEL.

Vous ne le voudriez pas.

MONTESQUIEU.

Ni à la législation municipale ?

MACHIAVEL.

Est-ce possible ?

MONTESQUIEU.

Ni à votre système de protectorat du suffrage ?

MACHIAVEL.

Non.

MONTESQUIEU.

Ni à l'organisation du sénat, ni à celle du corps législatif, ni à votre système intérieur, ni à votre système extérieur, ni à votre régime économique, ni à votre régime financier ?

MACHIAVEL.

Je ne touche qu'à ce que je vous ai dit. A proprement parler, je sors de la période de la terreur, j'entre dans la voie de la tolérance ; je le puis sans dangers ; je pourrais même rendre des libertés réelles, car il faudrait être bien dénué d'esprit politique pour ne pas reconnaître qu'à l'heure imaginaire que je suppose, ma législation a porté tous ses fruits. J'ai rempli le but que je vous avais annoncé ; le caractère de la nation est changé ; les légères facultés que j'ai rendues ont été pour moi la sonde avec laquelle j'ai mesuré la profondeur du résultat. Tout est fait, tout est consommé, il n'y a plus de résistance possible. Il n'y a plus d'écueil, il n'y a plus rien ! Et cependant je ne rendrai rien. Vous l'avez dit, c'est là qu'est la vérité pratique.

MONTESQUIEU.

Hâtez-vous de terminer, Machiavel. Puisse mon ombre ne vous rencontrer jamais, et que Dieu efface de ma mémoire jusqu'à la dernière trace de ce que je viens d'entendre !

MACHIAVEL.

Prenez garde, Montesquieu ; avant que la minute qui commence ne tombe dans l'éternité vous chercherez mes pas avec angoisse, et le souvenir de cet entretien désolera éternellement votre âme.

MONTESQUIEU.

Parlez !

MACHIAVEL.

Revenons donc. J'ai fait tout ce que vous savez ; par ces concessions à l'esprit libéral de mon temps, j'ai désarmé la haine des partis.

MONTESQUIEU.

Ah ! vous ne laisserez donc pas tomber ce masque d'hypocrisie dont vous avez couvert des forfaits qu'aucune langue humaine n'a décrits. Vous voulez donc que je sorte de la nuit éternelle pour vous flétrir ? Ah ! Machiavel ! vous-même n'aviez pas enseigné à dégrader à ce point l'humanité ! Vous ne conspiriez pas contre la conscience, vous n'aviez pas conçu la pensée de faire de l'âme humaine une boue dans laquelle le divin créateur lui-même ne reconnaîtrait plus rien.

MACHIAVEL.

C'est vrai, je suis dépassé.

MONTESQUIEU.

Fuyez ! ne prolongez pas un instant de plus cet entretien.

MACHIAVEL.

Avant que les ombres qui s'avancent en tumulte là-bas n'aient atteint ce noir ravin qui les sépare de nous, j'aurai fini ; avant qu'elles ne l'aient atteint, vous ne me reverrez plus et vous m'appellerez en vain.

MONTESQUIEU.

Achevez donc : ce sera l'expiation de la témérité que j'ai commise en acceptant cette gageure sacrilége !

MACHIAVEL.

Ah ! liberté ! voilà donc avec quelle force tu tiens dans quelques âmes quand le peuple te méprise ou se console de toi par des hochets ! Laissez-moi vous conter à ce sujet un bien court apologue.

Dion raconte que le peuple romain était indigné contre Auguste à cause de certaines lois trop dures qu'il avait faites, mais que, sitôt qu'il eut fait revenir le comédien Pilade, que les factieux avaient chassé de le ville, le mécontentement cessa.

Voilà mon apologue. Maintenant voici la conclusion de l'auteur, car c'est un auteur que je cite :

« Un pareil peuple sentait plus vivement la tyrannie « lorsque l'on chassait un baladin que lorsqu'on lui « enlevait toutes ses lois (1). »

Savez-vous qui a écrit cela ?

MONTESQUIEU.

Peu m'importe !

MACHIAVEL.

Reconnaissez-vous donc, c'est vous-même. Je ne vois que des âmes basses autour de moi, qu'y puis-je faire ? Les baladins ne manqueront pas sous mon règne; et il faudra qu'ils se conduisent bien mal pour que je prenne le parti de les chasser.

MONTESQUIEU.

Je ne sais si vous avez exactement rapporté mes paroles; mais voici une citation que je puis vous garantir : elle vengera éternellement les peuples que vous calomniez :

« Les mœurs du prince contribuent autant à la

(1) *Esp. des Lois*, liv. XIX, chap. II, p. 253.

« liberté que les lois. Il peut, comme elle, faire des
« hommes des bêtes, et des bêtes des hommes ; s'il
« aime les âmes libres, il aura des sujets ; s'il aime les
« âmes basses, il aura des esclaves (1). »

Voilà ma réponse, et si j'avais aujourd'hui à ajouter
quelque chose à cette citation, je dirais :

« Quand l'honnêteté publique est bannie du sein des
« cours, quand la corruption s'étale là sans pudeur,
« elle ne pénètre pourtant jamais que dans le cœur de
« ceux qui approchent un mauvais prince ; l'amour de
« la vertu continue à vivre dans le sein du peuple, et
« la puissance de ce principe est si grande que le mau-
« vais prince n'a qu'à disparaître pour que, par la
« force même des choses, l'honnêteté revienne dans la
« pratique du gouvernement en même temps que la
« liberté. »

MACHIAVEL.

Cela est très-bien écrit dans une forme très-simple.
Il n'y a qu'un malheur à ce que vous venez de dire,
c'est que, dans l'esprit comme dans l'âme de mes peuples, je personnifie la vertu, bien mieux, je personnifie
la *liberté*, entendez-vous ? comme je personnifie la Révolution, le progrès, l'esprit moderne, tout ce qu'il y a
de meilleur enfin dans le fond de la civilisation contemporaine. Je ne dis pas qu'on me respecte, je ne dis
pas qu'on m'aime, je ne dis pas qu'on me vénère, je
dis que le peuple m'adore ; que, si je le voulais, je me
ferais élever des autels, car, expliquez cela, j'ai les
dons fatals qui agissent sur les masses. Dans votre pays
on guillotinait Louis XVI qui ne voulait que le bien du
peuple, qui le voulait avec toute la foi, toute l'ardeur
d'une âme sincèrement honnête, et, quelques années
auparavant, on avait élevé des autels à Louis XIV, qui

---

(1) P. 173, chap. XXVII, liv. XII.

se souciait moins du peuple que de la dernière de ses maîtresses ; qui, au moindre coup de tête, eût fait mitrailler la canaille en jouant aux dés avec Lauzun. Mais je suis, moi, bien plus que Louis XIV, avec le suffrage populaire qui me sert de base ; je suis Washington, je suis Henri IV, je suis saint Louis, Charles-le-Sage, je prends vos meilleurs rois, pour vous faire honneur. Je suis un roi d'Egypte et d'Asie en même temps ; je suis Pharaon, je suis Cyrus, je suis Alexandre, je suis Sardanapale ; l'âme du peuple s'épanouit quand je passe ; il court avec ivresse sur mes pas ; je suis un objet d'idolâtrie ; le père me montre du doigt à son fils, la mère invoque mon nom dans ses prières, la jeune fille me regarde en soupirant et songe que si mon regard tombait sur elle, par hasard, elle pourrait peut-être reposer un instant sur ma couche. Quand le malheureux est opprimé, il dit : *Si le roi le savait* ; quand on veut se venger, qu'on espère un secours, on dit : *Le roi le saura.* On ne m'approche jamais, du reste, que l'on ne me trouve les mains pleines d'or. Ceux qui m'entourent, il est vrai, sont durs, violents, ils méritent parfois le bâton, mais il faut qu'il en soit ainsi ; car leur caractère haïssable, méprisable, leur basse cupidité, leurs débordements, leurs gaspillages honteux, leur avarice crasse font contraste avec la douceur de mon caractère, mes allures simples, ma générosité inépuisable. On m'invoque, vous dis-je, comme un dieu ; dans la grêle, dans la disette, dans les incendies, j'accours, la population se jette à mes pieds, elle m'emporterait au ciel dans ses bras, si Dieu lui donnait des ailes.

MONTESQUIEU.

Ce qui ne vous empêcherait pas de la broyer avec de la mitraille au moindre signe de résistance.

MACHIAVEL.

C'est vrai, mais l'amour n'existe pas sans la crainte.

MONTESQUIEU.

Ce songe affreux est-il fini?

MACHIAVEL.

Un songe! Ah! Montesquieu! vous allez pleurer longtemps : déchirez l'*Esprit des Lois*, demandez à Dieu de vous donner l'oubli pour votre part dans le ciel; car voici venir la vérité terrible dont vous avez déjà le pressentiment; il n'y a pas de songe dans ce que je viens de vous dire.

MONTESQUIEU.

Qu'allez-vous m'apprendre!

MACHIAVEL.

Ce que je viens de vous décrire, cet ensemble de choses monstrueuses devant lesquelles l'esprit recule épouvanté, cette œuvre que l'enfer même pouvait seul accomplir, tout cela est fait, tout cela existe, tout cela prospère à la face du soleil, à l'heure qu'il est, sur un point de ce globe que nous avons quitté.

MONTESQUIEU.

Où?

MACHIAVEL.

Non, ce serait vous infliger une seconde mort.

MONTESQUIEU.

Ah! parlez, au nom du ciel!

MACHIAVEL.

Eh bien!...

MONTESQUIEU.

Quoi?

MACHIAVEL.

L'heure est passée! Ne voyez-vous pas que le tourbillon m'emporte!

MONTESQUIEU.

Machiavel!

MACHIAVEL.

Voyez ces ombres qui passent non loin de vous en se couvrant les yeux ; les reconnaissez-vous ? ce sont des gloires qui ont fait l'envie du monde entier. A l'heure qu'il est, elles redemandent à Dieu leur patrie !...

MONTESQUIEU.

Dieu éternel, qu'avez-vous permis !...

TABLE ANALYTIQUE

DES MATIÈRES

Influence des mœurs politiques sous l'empire desquelles le *Traité du Prince* a été écrit. Progrès de la science sociale en Europe.

Vaste système de garanties dont les nations se sont entourées. Traités, constitutions, lois civiles.

Séparation des trois pouvoirs législatif, exécutif et judiciaire. C'est le principe générateur de la liberté politique, le principal obstacle à la tyrannie.

Que le régime représentatif est le mode de gouvernement le mieux approprié aux temps modernes. Conciliation de l'ordre et de la liberté.

Justice, base essentielle du gouvernement. Le monarque qui pratiquerait aujourd'hui les maximes du *Traité du Prince* serait mis au ban de l'Europe.

Machiavel soutient que ses maximes n'ont pas cessé de prévaloir dans la politique des princes. — Il offre de le prouver.

Machiavel fait la critique du régime constitutionnel. Les pouvoirs resteront immobiles ou sortiront violemment de leur orbite.

Masse du peuple indifférente aux libertés publiques dont la jouissance réelle lui échappe.

Régime représentatif inconciliable avec le principe de la souveraineté populaire et l'équilibre des pouvoirs.

Révolutions. Que la souveraineté populaire conduit à l'anarchie et l'anarchie au despotisme.

État moral et social des peuples modernes incompatible avec la liberté.

Le salut est dans la centralisation.

Césarisme du Bas-Empire. Inde et Chine.

La fatalité du despotisme est une idée que Montesquieu continue à combattre.

Machiavel a pris pour des lois universelles des faits qui ne sont que des accidents.

Développement progressif des institutions libérales depuis le système féodal jusqu'au régime représentatif.

Les institutions ne se corrompent qu'avec la perte de la liberté. Il faut donc la maintenir avec soin dans l'économie des pouvoirs.

Montesquieu n'admet pas sans réserve le principe de la souveraineté populaire. Comment il entend ce principe. Du droit divin, du droit humain.

Continuation du même sujet. — Antiquité du principe électif. Il est la base primordiale de la souveraineté.

Conséquences extrêmes de la souveraineté du peuple. — Les révolutions ne seront plus fréquentes sous l'empire de ce principe.

Pour changer la complexion politique de l'Etat, il suffit de changer la disposition des organes : sénat, corps législatif, conseil d'Etat, etc.

Du corps législatif. Suppression de la responsabilité ministérielle et de l'initiative parlementaire. La proposition des lois n'appartient qu'au prince.

On se garantit contre la souveraineté du peuple par le droit d'appel au peuple et le droit de déclarer l'état de siége.

Suppression du droit d'amendement. Restriction du nombre des députés. — Salariat des députés. Raccourcissement des sessions. — Pouvoir discrétionnaire de convocation, de prorogation et de dissolution.

Du sénat et de son organisation. Le sénat ne doit être qu'un simulacre de corps politique destiné à couvrir l'action du prince et à lui transmettre le pouvoir absolu et discrétionnaire sur toutes les lois.

Du conseil d'Etat. Il doit jouer dans une autre sphère le même rôle que le sénat. Il transmet au prince le pouvoir réglementaire et judiciaire.

La constitution est faite. Récapitulation des diverses manières dont le prince fait la loi dans ce système. Il la fait de sept manières.

Aussitôt après la constitution, le prince doit décréter une série de lois qui écarteront, par voie d'exception, les principes de droit public reconnus en bloc dans la constitution.

De la presse. Esprit des lois de Machiavel. Sa définition de la liberté est empruntée à Montesquieu.

Machiavel s'occupe d'abord de la législation de la presse dans son royaume. Elle s'étendra aux journaux comme aux livres.

Autorisation du gouvernement pour fonder un journal et pour tous changements dans le personnel de la rédaction.

Mesures fiscales pour enrayer l'industrie de la presse. Abolition du jury en matière de presse. — Pénalités par voie administrative et judiciaire. Système des avertissements. Interdiction des comptes rendus législatifs et des procès de presse.

Répression des fausses nouvelles, — cordons de ceinture contre les journaux étrangers. Défense d'importer des écrits non autorisés. — Lois contre les nationaux qui écriront à l'étranger contre le gouvernement. — Lois du même genre imposées aux petits Etats-frontières contre leurs propres nationaux. — Les correspondants étrangers doivent être à la solde du gouvernement.

Moyens de refréner les livres. — Brevets délivrés par le gouvernement aux imprimeurs, éditeurs et libraires. — Retraits facultatifs de ces brevets. — Responsabilité pénale des imprimeurs. — Elle oblige ces derniers à faire eux-mêmes la police des livres et à en référer aux agents de l'administration.

spéculation et d'entreprise. Libertés industrielles. Amélioration du sort des classes ouvrières.

Réflexions de Montesquieu sur toutes ces choses.

Établissement d'une garde prétorienne prête à fondre sur les parties chancelantes de l'empire.

Retour sur les constructions et sur leur utilité politique. Réalisation de l'idée de l'organisation du travail. — Jacquerie préparée en cas de renversement du pouvoir.

Voies stratégiques, bastilles, cités ouvrières dans la prévision des insurrections. Le peuple construisant contre lui-même des forteresses.

Des petits moyens. — Trophées, emblêmes, images et statues qui rappellent de toutes parts la grandeur du prince.

Le nom royal donné à toutes les institutions et à toutes les charges.

Rues, places publiques et carrefours doivent porter les noms historiques du règne.

De la bureaucratie. — Qu'il faut multiplier les emplois.

Des décorations et de leur usage. Moyens de se faire d'innombrables partisans à peu de frais.

Création de titres et restauration des plus grands noms depuis Charlemagne.

Utilité du cérémonial et de l'étiquette. Des pompes et des fêtes. — De l'excitation au luxe et aux jouissances sensuelles comme diversion aux préoccupations politiques.

Des moyens moraux. Appauvrissement des caractères. De la misère morale et de son utilité.

Comme quoi d'ailleurs aucun de ces moyens ne nuit à la considération du prince et à la dignité de son règne.

Impénétrabilité de ses desseins. Prestige qu'elle donne au prince. — Mot sur Borgia et Alexandre VI.

Moyens de prévenir la coalition des puissances étrangères trompées tour à tour. Reconstitution d'un État déchu qui donne trois cent mille hommes de plus contre l'Europe armée.

Des conseils et de l'usage que le prince doit en faire.

Que certains vices sont des vertus dans le prince. De la duplicité. Combien elle est nécessaire. Tout consiste à créer en toutes choses des apparences.

Mots qui signifieront le contraire de ce qu'ils paraîtront indiquer.

Langage que le prince doit tenir dans un État à base démocratique.

Que le prince doit se proposer pour modèle un grand homme des temps passés et écrire sa vie.

Comme quoi il est nécessaire que le prince soit vindicatif. Avec quelle facilité les victimes oublient. Mot de Tacite.

Que les récompenses doivent suivre immédiatement le service rendu.

Utilité de la superstition. Elle habitue le peuple à compter sur l'étoile du prince. Machiavel est le plus heureux des joueurs et sa chance ne peut jamais tourner.

Nécessité de la galanterie. Elle attache la plus belle moitié des sujets.

Combien il est facile de gouverner avec le pouvoir absolu. Joies de toutes sortes que Machiavel donnera à son peuple. — Guerres au nom de l'indépendance européenne. Il embrassera la liberté de l'Europe, mais pour l'étouffer.

École d'hommes politiques formés par les soins du prince. L'État sera rempli de Machiavels au petit pied.

Douze ans de règne dans ces conditions. L'œuvre de Machiavel est consommé. L'esprit public est détruit. Le caractère de la nation est changé.

Restitution de certaines libertés. Rien n'est changé au système. Les concessions ne sont que des apparences. On est seulement sorti de la période de la terreur.

Stigmate infligé par Montesquieu. Il ne veut plus rien entendre.

Anecdote de Dion sur Auguste. Citation vengeresse de Montesquieu.

Apologie de Machiavel couronné. Il est plus grand que Louis XIV, qu'Henri IV et que Washington. Le peuple l'adore.

Montesquieu traite de visions et de chimères le système de gouvernement que vient d'échafauder Machiavel.

Machiavel répond que tout ce qu'il vient de dire existe identiquement sur un point du globe.

Montesquieu presse Machiavel de lui nommer le royaume où les choses se passent ainsi.

Machiavel va parler ; un tourbillon d'anges l'emporte.

FIN DE LA TABLE.